# 中国钢铁工业统计调查制度

## 2019

中 国 钢 铁 工 业 协 会 制定
中华人民共和国国家统计局 批准

北 京
冶 金 工 业 出 版 社
2019

**图书在版编目(CIP)数据**

中国钢铁工业统计调查制度.2019/中国钢铁工业协会制定.—北京：冶金工业出版社，2019.9
ISBN 978-7-5024-8269-5

Ⅰ.①中…　Ⅱ.①中…　Ⅲ.①钢铁工业—统计报表制度—中国—2019　Ⅳ.①F426.31

中国版本图书馆CIP数据核字(2019)第191627号

出 版 人　谭学余
地　　址　北京市东城区嵩祝院北巷39号　邮编　100009　电话　(010)64027926
网　　址　www.cnmip.com.cn　电子信箱　yjcbs@cnmip.com.cn
责任编辑　杨　敏　美术编辑　彭子赫　版式设计　孙跃红
责任校对　卿文春　责任印制　李玉山
ISBN 978-7-5024-8269-5
冶金工业出版社出版发行；各地新华书店经销；三河市双峰印刷装订有限公司印刷
2019年9月第1版，2019年9月第1次印刷
787mm×1092mm　1/16；8印张；190千字；118页
**45.00**元

**冶金工业出版社　投稿电话　(010)64027932　投稿信箱　tougao@cnmip.com.cn**
**冶金工业出版社营销中心　电话　(010)64044283　传真　(010)64027893**
**冶金工业出版社天猫旗舰店　yjgycbs.tmall.com**
(本书如有印装质量问题，本社营销中心负责退换)

# 本调查制度根据《中华人民共和国统计法》的有关规定制定

《中华人民共和国统计法》第七条规定：国家机关、企业事业单位和其他组织以及个体工商户和个人等统计调查对象，必须依照本法和国家有关规定，真实、准确、完整、及时地提供统计调查所需的资料，不得提供不真实或者不完整的统计资料，不得迟报、拒报统计资料。

《中华人民共和国统计法》第九条规定：统计机构和统计人员对在统计工作中知悉的国家秘密、商业秘密和个人信息，应当予以保密。

# 前　　言

为了解和掌握中国钢铁工业发展现状，为各级政府部门制定宏观调控政策，为钢铁企业制定生产经营决策提供科学依据，依照《中华人民共和国统计法》和国家统计局的规定，特制定本调查制度。

本调查制度内容分为五部分：一、总说明；二、报表目录；三、调查表式；四、主要指标解释；五、附录。

在执行本调查制度过程中，如有意见或建议，请寄给中国钢铁工业协会信息统计部（地址：北京市东城区东四西大街46号；邮编：100711）。

中国钢铁工业协会

2019年7月

# 目　　录

# 一、总 说 明

## （一）调查目的

为了解和掌握中国钢铁工业发展现状，为各级政府部门制定宏观调控政策，为钢铁企业制定生产经营决策提供科学依据，依照《中华人民共和国统计法》和国家统计局的有关规定，特制定本调查制度。

## （二）调查对象和统计范围

本制度报表目录中，钢年综01表、钢年综02表统计范围为各省、市、自治区钢铁行业统计主管部门；其余各表统计范围均为按集团口径的从事钢铁类生产活动的企业和集团。

## （三）调查内容

钢铁行业年度、月度、旬度生产及经营统计。包括：企业基本情况、主要指标、产量、产能、技术经济指标、设备、固定资产投资、三级矿量、利润、财务、劳动工资等。

## （四）调查频率和时间

年度报表分别为2月10日前、3月10日前、4月10日前报送，每年一次。

月度报表分别为月后3日、5日、10日前报送，每月一次。

旬度报表为旬后1日报送，每旬一次。

## （五）调查方法

本调查制度采取全面调查和重点调查相结合。

## （六）组织实施

本制度由各从事钢铁类产品生产的企业和企业集团以及各省、市、自治区钢铁统计主管部门统一组织，准确及时地完成数据的报送任务。未经许可，不得以任何方式传递给其他机构和个人。

## （七）报送要求

基层年报表中，钢年基03表主要产品产量表、04表主要产品生产能力表，各企业和企业集团均要按本制度规定上报本省、市、自治区钢铁行业统计主管部门，其中，中钢协会员企业统计调查单位需同时直接报送中国钢铁工业协会（按集团口径）；其余各表由统计调查单位按集团口径直接报送中国钢铁工业协会。

对有去年同期数要求的指标，必须填报与本年统计范围口径一致的去年同期数。

综合统计年报报送网址为：http：//d. chinaisa. org. cn/gxtjnb。

## （八）统计资料公布的时间、渠道

年度报表为每年8月底前以印刷品的形式公布，并报国家统计局及上级有关部门；月度报表为每月月底前以印刷品的形式公布，并报国家统计局及上级有关部门；旬度报表为每旬6日前（节假日顺延）以电子邮件及印刷品的形式公布。

## （九）统计信息共享的内容、方式、时限、渠道、责任单位

综合数据可与各政府部门及会员企业共享使用，在最终审定数据十个工作日后共享，共享责任单位中国钢铁工业协会。

## （十）中国钢铁工业协会信息统计部联系方式

地　　址：北京市东城区东四西大街46号；邮编：100711

年报

联系电话：010-65262722，010-65133322转1328

联 系 人：陈　健　王雪莹

电子邮箱：cj@ chinaisa. org. cn　wangxy@ chinaisa. org. cn

定报

联系电话：010-65133805，010-65133322转1339

联 系 人：李小川　黄晓宇

电子邮箱：lxc@ chinaisa. org. cn　huangxy@ chinaisa. org. cn

# 二、报表目录

| 表号 | 表　名 | 报告期别 | 填报范围 | 报送单位 | 报送日期及方式 |
|---|---|---|---|---|---|
| **（一）综合年报表式** | | | | | |
| 钢年综01表 | 钢铁工业主要产品产量 | 年报 | 本地区从事钢铁类生产活动的企业和集团（按集团口径） | 各省、市、自治区钢铁行业统计主管部门 | 次年3月31日前报送电子版数据和纸质报表（以邮戳为准） |
| 钢年综02表 | 钢铁工业主要产品年末生产能力 | 年报 | 本地区从事钢铁类生产活动的企业和集团（按集团口径） | 各省、市、自治区钢铁行业统计主管部门 | 次年3月31日前报送电子版数据和纸质报表（以邮戳为准） |
| **（二）基层年报表式** | | | | | |
| 钢年基01表 | 企业基本情况 | 年报 | 从事钢铁类生产活动的企业和集团（按集团口径） | 从事钢铁类生产活动的企业和集团 | 次年3月10日前报送电子版数据，4月10日前报送纸质报表（以邮戳为准） |
| 钢年基02表 | 主要指标完成情况 | 年报 | 从事钢铁类生产活动的企业和集团（按集团口径） | 从事钢铁类生产活动的企业和集团 | 次年4月10日前报送电子版数据和纸质报表（以邮戳为准） |
| 钢年基03表 | 钢铁工业主要产品产量 | 年报 | 从事钢铁类生产活动的企业和集团（按集团口径） | 从事钢铁类生产活动的企业和集团 | 次年2月10日前报送电子版数据，4月10日前报送纸质报表（以邮戳为准） |
| 钢年基04表 | 钢铁工业主要产品生产能力 | 年报 | 从事钢铁类生产活动的企业和集团（按集团口径） | 从事钢铁类生产活动的企业和集团 | 次年2月10日前报送电子版数据，4月10日前报送纸质报表（以邮戳为准） |
| 钢年基05表 | 钢铁工业主要技术经济指标 | 年报 | 从事钢铁类生产活动的企业和集团（按集团口径） | 从事钢铁类生产活动的企业和集团 | 次年3月10日前报送电子版数据，4月10日前报送纸质报表（以邮戳为准） |

续表

| 表号 | 表　名 | 报告期别 | 填报范围 | 报送单位 | 报送日期及方式 |
| --- | --- | --- | --- | --- | --- |
| 钢年基06表 | 主要专业生产设备表 | 年报 | 从事钢铁类生产活动的企业和集团（按集团口径） | 从事钢铁类生产活动的企业和集团 | 次年2月10日前报送电子版数据，4月10日前报送纸质报表（以邮戳为准） |
| 钢年基06-1表 | 主要专业生产设备明细表 | 年报 | 从事钢铁类生产活动的企业和集团（按集团口径） | 从事钢铁类生产活动的企业和集团 | 次年2月10日前报送电子版数据，4月10日前报送纸质报表 |
| 钢年基07表 | 固定资产投资完成情况表 | 年报 | 从事钢铁类生产活动的企业和集团（按集团口径） | 从事钢铁类生产活动的企业和集团 | 次年3月10日前报送电子版数据，4月10日前报送纸质报表（以邮戳为准） |
| 钢年基08表 | 年底保有的地质储量及三级矿量 | 年报 | 从事钢铁类生产活动的企业和集团（按集团口径） | 从事钢铁类生产活动的企业和集团 | 次年3月10日前报送电子版数据，4月10日前报送纸质报表（以邮戳为准） |
| 钢年基09表 | 产品销售利润构成 | 年报 | 从事钢铁类生产活动的企业和集团（按集团口径） | 从事钢铁类生产活动的企业和集团 | 次年4月10日前报送电子版数据和纸质报表（以邮戳为准） |
| 钢年基10表 | 主要原、辅材料产、购、消、存 | 年报 | 从事钢铁类生产活动的企业和集团（按集团口径） | 从事钢铁类生产活动的企业和集团 | 次年4月10日前报送电子版数据和纸质报表（以邮戳为准） |
| 钢年基11表 | 主要产品产、销、存 | 年报 | 从事钢铁类生产活动的企业和集团（按集团口径） | 从事钢铁类生产活动的企业和集团 | 次年4月10日前报送电子版数据和纸质报表（以邮戳为准） |
| 钢年基12表 | 劳动工资情况 | 年报 | 从事钢铁类生产活动的企业和集团（按集团口径） | 从事钢铁类生产活动的企业和集团 | 次年4月10日前报送电子版数据和纸质报表（以邮戳为准） |
| 钢年基13表 | 主要财务状况表 | 年报 | 从事钢铁类生产活动的企业和集团（按集团口径） | 从事钢铁类生产活动的企业和集团 | 次年4月10日前报送电子版数据和纸质报表（以邮戳为准） |

续表

| 表号 | 表　名 | 报告期别 | 填报范围 | 报送单位 | 报送日期及方式 |
|---|---|---|---|---|---|
| 钢年基14表 | 研发活动及相关情况 | 年报 | 从事钢铁类生产活动的企业和集团（按集团口径） | 从事钢铁类生产活动的企业和集团 | 次年4月10日前报送电子版数据和纸质报表（以邮戳为准） |
| 钢年基15表 | 能源购消存表 | 年报 | 从事钢铁类生产活动的企业和集团（按集团口径） | 从事钢铁类生产活动的企业和集团 | 次年3月10日前报送电子版数据，4月10日前报送纸质报表（以邮戳为准） |
| 钢年基16表 | 用水情况表 | 年报 | 从事钢铁类生产活动的企业和集团（按集团口径） | 从事钢铁类生产活动的企业和集团 | 次年3月10日前报送电子版数据，4月10日前报送纸质报表（以邮戳为准） |

**（三）基层定报表式**

| | | | | | |
|---|---|---|---|---|---|
| 钢旬产01表 | 重点统计单位生产经营旬报 | 旬报 | 从事钢铁类产品生产的具有法人资格、独立核算的钢铁企业 | 详见附表《中钢协会员企业统计调查单位名单》 | 旬后1日 |
| 钢月产01表 | 重点统计单位主要产品产量月报 | 月报 | 从事钢铁类产品生产的具有法人资格、独立核算的钢铁企业 | 详见附表《中钢协会员企业统计调查单位名单》 | 月后5日前 |
| 钢月产02表 | 分省市钢铁企业主要产品产量月报 | 月报 | 从事钢铁类产品生产的具有法人资格、独立核算的钢铁企业 | 详见附表《中钢协会员企业统计调查单位名单》 | 月后5日前 |
| 钢月产03表 | 重点统计单位主要产品产能月报 | 月报 | 从事钢铁类产品生产的具有法人资格、独立核算的钢铁企业 | 详见附表《中钢协会员企业统计调查单位名单》 | 月后5日前 |
| 钢月技01表 | 重点统计单位主要技术经济指标月报 | 月报 | 从事钢铁类产品生产的具有法人资格、独立核算的钢铁企业 | 详见附表《中钢协会员企业统计调查单位名单》 | 月后10日前 |
| 钢月质01表 | 重点统计单位产品质量指标月报 | 月报 | 从事钢铁类产品生产的具有法人资格、独立核算的钢铁企业 | 详见附表《中钢协会员企业统计调查单位名单》 | 月后10日前 |
| 钢月耗01表 | 重点统计单位能源消耗指标月报 | 月报 | 从事钢铁类产品生产的具有法人资格、独立核算的钢铁企业 | 详见附表《中钢协会员企业统计调查单位名单》 | 月后10日前 |

续表

| 表号 | 表　名 | 报告期别 | 填报范围 | 报送单位 | 报送日期及方式 |
|---|---|---|---|---|---|
| 钢月销01表 | 重点统计单位钢材、钢坯营销月报 | 月报 | 从事钢铁类产品生产的具有法人资格、独立核算的钢铁企业 | 详见附表《中钢协会员企业统计调查单位名单》 | 月后10日前 |
| 钢月销02表 | 重点统计单位钢材、钢坯地区流向月报 | 月报 | 从事钢铁类产品生产的具有法人资格、独立核算的钢铁企业 | 详见附表《中钢协会员企业统计调查单位名单》 | 月后10日前 |
| 钢月废01表 | 重点统计单位废钢铁收支存平衡情况月报 | 月报 | 从事钢铁类产品生产的具有法人资格、独立核算的钢铁企业 | 详见附表《中钢协会员企业统计调查单位名单》 | 月后10日前 |
| 钢月废02表 | 重点统计单位废钢铁国内采购量月报 | 月报 | 从事钢铁类产品生产的具有法人资格、独立核算的钢铁企业 | 详见附表《中钢协会员企业统计调查单位名单》 | 月后10日前 |
| 钢月废03表 | 重点统计单位废钢铁价格月报 | 月报 | 从事钢铁类产品生产的具有法人资格、独立核算的钢铁企业 | 详见附表《中钢协会员企业统计调查单位名单》 | 月后10日前 |
| 钢月废04表 | 重点统计单位废钢铁加工消耗库存量月报 | 月报 | 从事钢铁类产品生产的具有法人资格、独立核算的钢铁企业 | 详见附表《中钢协会员企业统计调查单位名单》 | 月后10日前 |
| 钢月废05表 | 重点统计单位废钢铁进口情况月报 | 月报 | 从事钢铁类产品生产的具有法人资格、独立核算的钢铁企业 | 详见附表《中钢协会员企业统计调查单位名单》 | 月后10日前 |
| 钢投01表 | 重点统计单位固定资产投资完成情况月报 | 月报 | 从事钢铁类产品生产的具有法人资格、独立核算的钢铁企业 | 详见附表《中钢协会员企业统计调查单位名单》 | 月后10日前 |

# 三、调查表式

## （一）钢铁工业主要产品产量

表　　号：钢年综 01 表
制定机关：中国钢铁工业协会
批准机关：国家统计局
批准文号：国统制［2018］72 号
有效期至：2021 年 5 月

组织机构代码□□□□□□□□－□
统一社会信用代码□□□□□□□□□□□□□□□□□□
单位详细名称：　　　　　　　　　20　年

| 钢铁工业产品名称 | 计量单位 | 代　码 | 本年实际 | 去年同期 | 备　　注 |
|---|---|---|---|---|---|
| 甲 | 乙 | 丙 | 1 | 2 | 3 |
| 按照本制度第五部分附录（一）《钢铁工业产品产量统计指标目录》所规定的产品目录填报 | | | | | |

单位负责人：　　　　统计负责人：　　　　填表人：　　　　报出日期：　　年　月　日

说明："去年同期"将自动显示报送系统中去年上报的数据，请认真核对，可根据需要修改。

## （二）钢铁工业主要产品年末生产能力

表　　号：钢年综 02 表
制定机关：中国钢铁工业协会
批准机关：国家统计局
批准文号：国统制［2018］72 号
有效期至：2021 年 5 月

组织机构代码□□□□□□□□－□
统一社会信用代码□□□□□□□□□□□□□□□□□□
单位详细名称：　　　　20　年

| 企业名称 | 代码 | 铁矿石开采（万吨/年） | 铁矿石选矿处理原矿（万吨/年） | 锰矿开采（万吨/年） | 锰矿选矿处理（万吨/年） | 铬矿开采（万吨/年） | 铬矿选矿处理（万吨/年） |
|---|---|---|---|---|---|---|---|
| 甲 | 乙 | 1 | 2 | 3 | 4 | 5 | 6 |
| 企业名称分组说明：<br>全省钢铁企业总计<br>1. 中钢协会员企业小计<br>⋮<br>2. 其他钢铁企业小计<br>⋮ | | | | | | | |

续表一

| 企业名称 | 烧结铁矿（万吨/年） | 球团铁矿（万吨/年） | 生铁（万吨/年） | 直接还原铁（万吨/年） | 熔融还原铁（万吨/年） | 粗钢（万吨/年） | 转炉钢（万吨/年） | 电炉钢（万吨/年） | 连铸坯（万吨/年） |
|---|---|---|---|---|---|---|---|---|---|
| | 7 | 8 | 9 | 10 | 11 | 12 | 13 | 14 | 15 |
| | 数据关系：粗钢≥转炉钢＋电炉钢 | | | | | | | | |

续表二

| 企业名称 | 钢材（万吨/年） | 热轧钢材（万吨/年） | 冷轧（拔）钢材（万吨/年） | 镀涂层板（带）（万吨/年） | 锻、挤、旋压钢材（万吨/年） | 其他加工工艺生产的钢材（万吨/年） |
|---|---|---|---|---|---|---|
| | 16 | 17 | 18 | 19 | 20 | 21 |
| | 数据关系：<br>钢材＝热轧钢材＋冷轧（拔）钢材＋镀涂层板（带）＋锻、挤、旋压钢材＋其他加工工艺生产的钢材 | | | | | |

单位负责人：　　　统计负责人：　　　填表人：　　　报出日期：　　年　月　日

续表三

| 企业名称 | 热轧钢材 | | | | | | | | |
|---|---|---|---|---|---|---|---|---|---|
| | 合计（万吨/年） | 铁道用钢材（万吨/年） | 大型型钢（万吨/年） | H型钢（万吨/年） | 中小型型钢（万吨/年） | 棒材（万吨/年） | 钢筋（万吨/年） | 线材（万吨/年） | 高线（万吨/年） |
| | 22 | 23 | 24 | 25 | 26 | 27 | 28 | 29 | 30 |
| 企业名称分组说明：<br>全省钢铁企业总计<br>1. 中钢协会员企业小计<br>⋮<br>2. 其他钢铁企业小计<br>⋮ | | | | | | | | | |

续表四

| 企业名称 | 热轧钢材 | | | | | | | | |
|---|---|---|---|---|---|---|---|---|---|
| | 特厚板（万吨/年） | 厚板（万吨/年） | 中板（万吨/年） | 薄板（万吨/年） | 中厚宽钢带（万吨/年） | 薄宽钢带（万吨/年） | 窄钢带（万吨/年） | 电工钢板（万吨/年） | 无缝钢管（万吨/年） | 其他（万吨/年） |
| | 31 | 32 | 33 | 34 | 35 | 36 | 37 | 38 | 39 | 40 |
| | | | | | | | | | | |

续表五

| 企业名称 | 冷轧（拔）钢材 | | | | | | |
|---|---|---|---|---|---|---|---|
| | 合计（万吨/年） | 中小型型钢（万吨/年） | 棒材（万吨/年） | 钢筋（万吨/年） | 中板（万吨/年） | 薄板（万吨/年） | 中厚宽钢带（万吨/年） |
| | 41 | 42 | 43 | 44 | 45 | 46 | 47 |
| | | | | | | | |

续表六

| 企业名称 | 冷轧（拔）钢材 | | | | | | |
|---|---|---|---|---|---|---|---|
| | 薄宽钢带（万吨/年） | 窄钢带（万吨/年） | 电工钢板（带）（万吨/年） | 无缝钢管（万吨/年） | 焊接钢管（万吨/年） | 冷弯型钢（万吨/年） | 其他（万吨/年） |
| | 48 | 49 | 50 | 51 | 52 | 53 | 54 |
| | | | | | | | |

单位负责人： 统计负责人： 填表人： 报出日期： 年 月 日

续表七

| 企业名称 | 镀涂层板（带） | | | | | | | 锻、挤、旋压钢材 | | | |
|---|---|---|---|---|---|---|---|---|---|---|---|
| | 合计（万吨/年） | 镀层板（带） | | | | | 涂层板（带）（万吨/年） | 合计（万吨/年） | 锻压钢材（万吨/年） | 挤压钢材（万吨/年） | 旋压钢材（万吨/年） |
| | | 合计（万吨/年） | 镀锌板（带） | | | 镀锡板（带）（万吨/年） | | | | | |
| | | | 合计（万吨/年） | 电镀锌板（带）（万吨/年） | 热镀锌板（带）（万吨/年） | | | | | | |
| | 55 | 56 | 57 | 58 | 59 | 60 | 61 | 62 | 63 | 64 | 65 |
| 企业名称分组说明：<br>全省钢铁企业总计<br>1. 中钢协会员企业小计<br>⋮<br>2. 其他钢铁企业小计<br>⋮ | | | | | | | | | | | |

续表八

| 企业名称 | 钢丝及其制品 | | | | 铁合金 | | |
|---|---|---|---|---|---|---|---|
| | 合计（吨/年） | 钢丝（吨/年） | 钢丝绳（吨/年） | 钢绞线（吨/年） | 合计（吨(折标)/年） | 高炉铁合金（吨(折标)/年） | 电炉铁合金（吨(折标)/年） |
| | 66 | 67 | 68 | 69 | 70 | 71 | 72 |
| | | | | | | | |

续表九

| 企业名称 | 焦　炭 | | 耐火材料制品 | | | | 炭素制品 | | |
|---|---|---|---|---|---|---|---|---|---|
| | （万吨/年） | 机焦（万吨/年） | （吨/年） | 致密定型（吨/年） | 隔热（吨/年） | 不定型（吨/年） | （吨/年） | 石墨制品（吨/年） | 炭制品（吨/年） |
| | 73 | 74 | 75 | 76 | 77 | 78 | 79 | 80 | 81 |
| | | | | | | | | | |

单位负责人：　　　统计负责人：　　　填表人：　　　报出日期：　　年　月　日

## （三）企业基本情况

表　　号：钢年基01表
制定机关：中国钢铁工业协会
批准机关：国家统计局
批准文号：国统制［2018］72号
有效期至：2021年5月

20　年

| 指标名称 | 代　码 | 内　　容 |
|---|---|---|
| 甲 | 乙 | 1 |
| 组织机构代码 | 01 | □□□□□□□□-□ |
| 统一社会信用代码 | 02 | □□□□□□□□□□□□□□□□□□ |
| 单位详细名称 | 03 | 填写时应与公章所使用的名称完全一致 |
| 单位详细地址 | 04 | |
| 企业登记注册类型 | 05 | □□□ **一、内资**<br>101 国有　102 集体　103 股份合作　104 国有联营<br>105 集体联营　106 国有与集体联营　107 其他联营<br>108 国有独资公司　109 其他有限责任公司<br>110 股份有限公司　111 私营独资　112 私营合伙<br>113 私营有限责任公司　114 私营股份有限公司　115 其他<br>**二、港澳台商投资**<br>201 与港澳台商合资经营　202 与港澳台商合作经营<br>203 港澳台商独资　204 港澳台商投资股份有限公司<br>205 其他港澳台商投资<br>**三、外商投资**<br>301 中外合资经营　302 中外合作经营　303 外资企业<br>304 外商投资股份有限公司　305 其他外商投资 |
| 企业隶属关系 | 06 | 是指中央、省、地区、县、街道、镇、乡、居委会、村委会、其他 |
| 企业控股情况 | 07 | □ 1. 国有控股　2. 集体控股　3. 私人控股　4. 港澳台商控股<br>5. 外商控股　6. 其他 |
| 企业法人代表 | 08 | |
| 企业联系电话 | 09 | 是指企业办公室电话 |
| 企业邮政编码 | 10 | |
| 企业统计人员数（人） | 11 | 是整个企业范围内目前承担各类统计工作任务的所有专、兼职统计人员 |
| 其中：专职统计人员 | 12 | |
| 兼职统计人员 | 13 | |

单位负责人：　　统计负责人：　　填表人：　　报出日期：　　年　月　日

## （四）主要指标完成情况

表　　号：钢年基 02 表
制定机关：中国钢铁工业协会
组织机构代码□□□□□□□□-□　批准机关：国家统计局
统一社会信用代码□□□□□□□□□□□□□□□□□□　批准文号：国统制［2018］72 号
单位详细名称：　20　年　有效期至：2021 年 5 月

| 指标名称 | 计量单位 | 代码 | 本年实际 | 备注 |
| --- | --- | --- | --- | --- |
| 甲 | 乙 | 丙 | 1 | 2 |
| 一、工业总产值 | — | — | | |
| 新产品产值 | 万元 | 01 | | |
| 二、主要产品产量 | — | — | | |
| 铁矿石原矿 | 吨 | 02 | | |
| 铁矿石成品矿 | 吨 | 03 | | |
| 烧结铁矿 | 吨 | 04 | | |
| 球团铁矿 | 吨 | 05 | | |
| 生铁 | 吨 | 06 | | |
| 粗钢 | 吨 | 07 | | |
| 钢材 | 吨 | 08 | | |
| 焦炭 | 吨 | 09 | | |
| 铁合金 | 吨 | 10 | | |
| 炭素制品 | 吨 | 11 | | |
| 耐火材料制品 | 吨 | 12 | | |
| 企业自发电量 | 万千瓦时 | 13 | | 包括：火电、干熄焦发电、压差发电等 |
| 钢丝 | 吨 | 14 | | |
| 钢丝绳 | 吨 | 15 | | |
| 钢绞线 | 吨 | 16 | | |
| 三、销售及库存 | — | — | | |
| 钢材销售量 | 吨 | 17 | | |
| 钢材库存量 | 吨 | 18 | | |
| 钢坯销售量 | 吨 | 19 | | 含连铸坯、轧制坯、锻造坯 |
| 钢坯库存量 | 吨 | 20 | | 含连铸坯、轧制坯、锻造坯 |

续表

| 指标名称 | 计量单位 | 代码 | 本年实际 | 备注 |
|---|---|---|---|---|
| 甲 | 乙 | 丙 | 1 | 2 |
| 产品销售率（实物） | % | 21 | | 是指企业主导产品的实物销售率，如主导产品为生铁的企业就填报生铁的实物销售率 |
| 产品销售率（价值） | % | 22 | | 是指企业产品按价值量计算的销售率 |
| 四、产品质量及物耗 | — | — | | |
| 生铁一级品率 | % | 23 | | |
| 炼铁原料矿石消耗 | 千克/吨 | 24 | | |
| 综合焦比 | 千克/吨 | 25 | | |
| 喷煤比 | 千克/吨 | 26 | | |
| 粗钢钢铁料消耗 | 千克/吨 | 27 | | |
| 转炉炉衬寿命 | 炉 | 28 | | |
| 电炉冶炼综合电耗 | 千瓦时/吨 | 29 | | |
| 钢材质量等级品率 | % | 30 | | |
| 钢材质量优等品率 | % | 31 | | |
| 锭坯至材综合成材率 | % | 32 | | |
| 五、能耗 | — | — | | |
| 综合能源消费量 | 万吨标煤 | 33 | | |
| 万元产值能耗 | 吨标煤/万元 | 34 | | |
| 吨钢综合能耗 | 千克标煤/吨 | 35 | | |
| 吨钢可比能耗 | 千克标煤/吨 | 36 | | |
| 吨钢耗新水 | $米^3$/吨 | 37 | | |

续表

| 指标名称 | 计量单位 | 代码 | 本年实际 | 备注 |
| --- | --- | --- | --- | --- |
| 甲 | 乙 | 丙 | 1 | 2 |
| 六、劳动工资 | — | — | | |
| 全部从业人员劳动生产率 | 元/(人·年) | 38 | | |
| 年末全部从业人员 | 人 | 39 | | |
| 全部从业人员平均人数 | 人 | 40 | | |
| 全部从业人员工资总额 | 万元 | 41 | | |
| 七、固定资产投资 | — | — | | |
| 本年固定资产投资完成额 | 万元 | 42 | | |
| 八、安全环保 | — | — | | |
| 千人负伤率 | ‰ | 43 | | |
| 千人工亡率 | ‰ | 44 | | |
| 死亡人数 | 人 | 45 | | |
| 工业废水排放处理率 | % | 46 | | |
| 工业废气排放处理率 | % | 47 | | |
| 污染物综合排放合格率 | % | 48 | | |
| 九、外经外贸 | — | — | | |
| 出口创汇率 | % | 49 | | |
| 钢铁产品出口额 | 万美元 | 50 | | |
| 其中：钢材 | 万美元 | 51 | | |
| 钢坯 | 万美元 | 52 | | 含连铸坯、轧制坯、锻造坯 |
| 钢铁产品出口量 | 吨 | 53 | | |
| 其中：钢材 | 吨 | 54 | | |
| 钢坯 | 吨 | 55 | | 含连铸坯、轧制坯、锻造坯 |

说明：此表的许多指标数据来源于后面各表。因此，指标数据必须与后面相关表中的指标数据一致。

单位负责人：　　统计负责人：　　填表人：　　报出日期：　年　月　日

## （五）钢铁工业主要产品产量

表　　号：钢年基03表
制定机关：中国钢铁工业协会
组织机构代码□□□□□□□□□－□　　批准机关：国家统计局
统一社会信用代码□□□□□□□□□□□□□□□□□□　　批准文号：国统制［2018］72号
单位详细名称：　　20　年　　有效期至：2021年5月

| 钢铁工业产品名称 | 计量单位 | 代　码 | 本年实际 | 去年同期 | 备　注 |
|---|---|---|---|---|---|
| 甲 | 乙 | 丙 | 1 | 2 | 3 |
| 按照本制度第五部分附录（一）《钢铁工业产品产量统计指标目录》所规定的产品目录填报 | | | | | |

单位负责人：　　统计负责人：　　填表人：　　报出日期：　　年　月　日

说明："去年同期"将自动显示报送系统中去年上报的数据，请认真核对，可根据需要修改。

## （六）钢铁工业主要产品生产能力

表　　号：钢年基 04 表
制定机关：中国钢铁工业协会
批准机关：国家统计局
批准文号：国统制［2018］72 号
有效期至：2021 年 5 月

组织机构代码□□□□□□□□－□
统一社会信用代码□□□□□□□□□□□□□□□□□□
单位详细名称：　　　　　　　　20　年

| 产品名称 | 计量单位 | 代码 | 年初生产能力 | 本年新增能力 | | | | | 本年减少能力 | 年末生产能力 |
|---|---|---|---|---|---|---|---|---|---|---|
| | | | | | 新建增加 | 改造增加 | 并购新增 | 其他增加 | | |
| 甲 | 乙 | 丙 | 1 | 2 | 3 | 4 | 5 | 6 | 7 | 8 |
| 按本制度第五部分附录（二）《钢铁工业主要产品生产能力目录》填报。本企业生产的产品凡列入上述《目录》的，均须填报 | 数据关系：<br>年初生产能力 = 上年年末生产能力；<br>本年新增能力 = 新建增加 + 改造增加 + 并购新增 + 其他新增；<br>年末生产能力 = 年初生产能力 + 本年新增生产能力 － 本年减少能力 | | | | | | | | | |

单位负责人：　　　统计负责人：　　　填表人：　　　报出日期：　　年　月　日

## （七）钢铁工业主要技术经济指标

表　　号：钢年基05表
制定机关：中国钢铁工业协会
批准机关：国家统计局
批准文号：国统制［2018］72号
有效期至：2021年5月

组织机构代码□□□□□□□□-□
统一社会信用代码□□□□□□□□□□□□□□□□□□
单位详细名称：　　　　　　20　年

| 指标名称 | 计量单位 | | | 代码 | 指标值 | 计量根据 | |
|---|---|---|---|---|---|---|---|
| | 指标 | 子项 | 母项 | | | 子项 | 母项 |
| 甲 | 乙 | | | 丙 | 1 | | |
| 按本制度第五部分附录（三）《钢铁工业生产技术经济指标目录》所规定的产品目录填报 | | | | | | | |

单位负责人：　　　统计负责人：　　　填表人：　　　报出日期：　年　月　日

## （八）主要专业生产设备表

表　　号：钢年基06表
制定机关：中国钢铁工业协会
批准机关：国家统计局
批准文号：国统制［2018］72号
有效期至：2021年5月

组织机构代码□□□□□□□□-□
统一社会信用代码□□□□□□□□□□□□□□□□□□
单位详细名称：　　20　年

| 设备名称、规格 | 计量单位 | 代码 | 本年 | | 去年 | |
|---|---|---|---|---|---|---|
| | | | 设备安装数量 | 设备年末安装生产能力（万吨） | 设备安装数量 | 设备年末安装生产能力（万吨） |
| 甲 | 乙 | 丙 | 1 | 2 | 3 | 4 |
| 一、机械化焦炉 | 座 | 1 | | | | |
| 65孔及以上 | 座 | 2 | | | | |
| 27~64孔 | 座 | 3 | | | | |
| 26孔及以下 | 座 | 4 | | | | |
| 二、烧结机 | 台 | 5 | | | | |
| 130米$^2$及以上 | 台 | 6 | | | | |
| 90~129米$^2$ | 台 | 7 | | | | |
| 36~89米$^2$ | 台 | 8 | | | | |
| 35米$^2$及以下 | 台 | 9 | | | | |
| 三、炼铁高炉 | 座 | 10 | | | | |
| 5000米$^3$及以上 | 座 | 11 | | | | |
| 4000~4999米$^3$ | 座 | 12 | | | | |
| 3000~3999米$^3$ | 座 | 13 | | | | |
| 2000~2999米$^3$ | 座 | 14 | | | | |
| 1000~1999米$^3$ | 座 | 15 | | | | |
| 400~999米$^3$ | 座 | 16 | | | | |
| 399米$^3$及以下 | 座 | 17 | | | | |
| 四、炼钢设备 | — | — | | | | |
| （一）转炉 | 座 | 18 | | | | |
| 300吨及以上 | 座 | 19 | | | | |
| 200~299吨 | 座 | 20 | | | | |
| 100~199吨 | 座 | 21 | | | | |
| 30~99吨 | 座 | 22 | | | | |
| 29吨及以下 | 座 | 23 | | | | |
| （二）电弧炉 | 座 | 24 | | | | |
| 100吨及以上 | 座 | 25 | | | | |
| 30~99吨 | 座 | 26 | | | | |
| 29吨及以下 | 座 | 27 | | | | |

续表

| 设备名称、规格 | 计量单位 | 代码 | 本年 | | 去年 | |
|---|---|---|---|---|---|---|
| | | | 设备安装数量 | 设备年末安装生产能力（万吨） | 设备安装数量 | 设备年末安装生产能力（万吨） |
| 甲 | 乙 | 丙 | 1 | 2 | 3 | 4 |
| 五、连铸机 | 台 | 28 | | | | |
| 六、钢压延加工设备 | — | — | | | | |
| （一）初轧及开坯机 | 套 | 29 | | | | |
| 1. 初轧机 | 套 | 30 | | | | |
| 2. 开坯机 | 套 | 31 | | | | |
| （二）钢材加工设备 | — | — | | | | |
| 1. 轨梁轧机 | 套 | 32 | | | | |
| 2. 大型型钢轧机 | 套 | 33 | | | | |
| 3. 普通中型型钢轧机 | 套 | 34 | | | | |
| 4. 普通小型型钢轧机 | 套 | 35 | | | | |
| 5. H 型钢轧机 | 套 | 36 | | | | |
| 6. 车轮轮箍轧机 | 套 | 37 | | | | |
| 7. 冷弯型钢轧机 | 套 | 38 | | | | |
| 8. 冷拉钢材轧机 | 套 | 39 | | | | |
| 9. 普通线材轧机 | 套 | 40 | | | | |
| 10. 高速线材轧机 | 套 | 41 | | | | |
| 11. 宽厚钢板轧机 | 套 | 42 | | | | |
| 12. 中厚钢板轧机 | 套 | 43 | | | | |
| 13. 热（叠）轧薄板轧机 | 套 | 44 | | | | |
| 14. 热轧宽带钢轧机 | 套 | 45 | | | | |
| 15. 热轧中宽带钢轧机 | 套 | 46 | | | | |
| 16. 薄板坯连铸连轧机组 | 套 | 47 | | | | |
| 17. 热轧窄带钢轧机 | 套 | 48 | | | | |
| 18. 冷轧宽带钢轧机 | 套 | 49 | | | | |
| 19. 冷轧中宽带钢轧机 | 套 | 50 | | | | |
| 20. 冷轧窄带钢轧机 | 套 | 51 | | | | |
| 21. 冷轧薄板轧机 | 套 | 52 | | | | |
| 22. 热轧无缝钢管轧机 | 套 | 53 | | | | |
| 23. 冷拔钢管机 | 套 | 54 | | | | |
| 24. 冷轧钢管机 | 套 | 55 | | | | |
| 25. 焊管轧机 | 套 | 56 | | | | |
| 26. 旋压钢管机 | 套 | 57 | | | | |

单位负责人： 统计负责人： 填表人： 报出日期： 年 月 日

说明：(1) 本表填报的数据要与“主要专业生产设备明细表”中的相关数据一致。

(2)“去年同期”将自动显示报送系统中去年上报的数据，请认真核对，可根据需要修改。

## （九）主要专业生产设备明细表

表　　号：钢年基 06-1 表
制定机关：中国钢铁工业协会
批准机关：国家统计局
批准文号：国统制［2018］72 号
有效期至：2021 年 5 月

组织机构代码□□□□□□□□－□
统一社会信用代码□□□□□□□□□□□□□□□□□□
单位详细名称：　　　　　　　　　　20　年

<table>
<tr><th rowspan="3">设备名称及类型</th><th rowspan="3">代码</th><th rowspan="3">设备重要参数</th><th colspan="3">设备数量</th><th colspan="3">设备能力</th><th rowspan="3">设备出厂时间（年/月）</th><th rowspan="3">设备投产时间（年/月）</th><th rowspan="3">设备末次更新改造时间（年/月）</th><th rowspan="3">设备制造国家、公司</th></tr>
<tr><th rowspan="2">计量单位</th><th colspan="2">安装数</th><th rowspan="2">计量单位</th><th colspan="2">安装设备能力</th></tr>
<tr><th></th><th>其中：使用数</th><th></th><th>其中：使用设备能力</th></tr>
<tr><td>甲</td><td>乙</td><td>1</td><td colspan="3">2</td><td colspan="3">3</td><td>4</td><td>5</td><td>6</td><td>7</td></tr>
</table>

填报说明：

1. 专业生产设备执行本制度第五部分附录（四）《钢铁工业专业生产设备统计指标目录》。

2. 主要专业生产设备是指从事某一特定工业生产的专业设备（如炼铁的高炉、炼钢的电炉、转炉等），它们和国民经济各部门的通用设备（机床、锻压设备）不同。凡是填报目录中所列示的专业设备，不论哪个行业都应进行统计。如炼钢的转炉、电炉，不仅钢铁企业要进行统计，而且拥有这种炼钢设备的机械工业企业也要进行统计。设备统计应以使用权为依据，既包括企业自有的，也包括租（借）入的，但不包括租（借）出的。

3. 专业生产设备的能力一般按设计能力计算，经过更新改造的设备按更新改造后的核定能力填报。

4. 设备更新改造仅包括对设备能力、工艺水平有重大改进的，不包括一般性的大、中、小修等。

5. 设备末次更新改造时间指该设备最后一次更新改造完成的时间。

6. 已安装的设备：指已安装完毕，经验收正式投产的设备。包括：（1）正常开动的设备及备用设备；（2）封存保管的已安装设备；（3）已安装设备由于故障不能开动等待处理或正在处理改装的设备（即使已拆离机座，也作为已安装设备）；（4）企业内移动使用的设备。专业设备还包括基建、更新改造项目中，已交付生产使用，但固定资产尚未移交入账的设备。专业设备不包括基本建设未竣工、未交付生产使用或属于基本建设财产账上的设备，也不包括非工业生产用的设备。

单位负责人：　　　　统计负责人：　　　　填表人：　　　　报出日期：　　年　月　日

## （十）固定资产投资完成情况表

表　　号：钢年基 07 表
制定机关：中国钢铁工业协会
批准机关：国家统计局
批准文号：国统制［2018］72 号
有效期至：2021 年 5 月
计量单位：万元

组织机构代码□□□□□□□□－□
统一社会信用代码□□□□□□□□□□□□□□□□□□
单位详细名称：　　　　　　　　　　　20　年

| 项目名称 | 代码 | 开工年月 | 建成投产年月 | 计划总投资 | 自开始建设累计 | | 本年完成投资合计 | | | | | | | | | | | | | | | | | |
|---|---|---|---|---|---|---|---|---|---|---|---|---|---|---|---|---|---|---|---|---|---|---|---|---|
| | | | | | 完成投资 | 新增固定资产 | | 按构成分 | | | | 基本建设投资 | 按投资方向分 | | | | | | | | | | | |
| | | | | | | | | 建筑工程 | 安装工程 | 设备购置 | 其他费用 | | 铁矿采选 | 烧结 | 球团 | 炼铁 | 炼钢 | | | 连铸 | 轧材 | 铁合金 | 焦化 | 耐火 |
| | | | | | | | | | | | | | | | | | | 电炉 | 转炉 | | | | | |
| 甲 | 乙 | 1 | 2 | 3 | 4 | 5 | 6 | 7 | 8 | 9 | 10 | 11 | 12 | 13 | 14 | 15 | 16 | 17 | 18 | 19 | 20 | 21 | 22 | 23 |
| 去年同期 | | | | | | | | | | | | | | | | | | | | | | | | |
| 合计 | 填报本单位本年完成规模以上固定资产投资合计数 | | | | | | | | | | | | | | | | | | | | | | | |
| 项目 1 | | | | | | | | | | | | | | | | | | | | | | | | |
| 项目 2 | | | | | | | | | | | | | | | | | | | | | | | | |
| ⋮ | | | | | | | | | | | | | | | | | | | | | | | | |
| 50 万～5000 万元项目小计 | | | | | | | | | | | | | | | | | | | | | | | | |

说明：

1. 填报对象为计划总投资在 50 万元及 50 万元以上或建筑面积在 1000 米$^2$ 以上的投资项目。
2. 首先填列本单位本年完成规模以上固定资产投资合计数。
   即合计数＝项目 1＋项目 2＋……＋项目 $n$＋50 万～5000 万元项目小计
3. 5000 万元以上项目单独填列；50 万～5000 万元项目原则上也应分项目填列，项目较多的可将 50 万（含）～5000 万元（不含）项目合并填列。
4. 数据关系：
（1）4 栏≥6 栏
（2）5 栏≥34 栏
（3）6 栏≥11 栏
（4）6 栏＝7 栏＋8 栏＋9 栏＋10 栏
（5）6 栏＝12 栏＋13 栏＋14 栏＋15 栏＋16 栏＋19 栏＋20 栏＋21 栏＋22 栏＋23 栏＋24 栏＋25 栏＋26 栏
（6）6 栏＝27 栏＋28 栏＋29 栏＋30 栏＋31 栏＋32 栏＋33 栏
（7）16 栏≥17 栏＋18 栏

续表

| 项目名称 | | | | 按用途分 | | | | | | | 本年新增固定资产 | 本年固定资产投资实际到位资金 | | | | | | | 房屋面积（米²） | |
|---|---|---|---|---|---|---|---|---|---|---|---|---|---|---|---|---|---|---|---|---|
| | 炭素 | 金属制品 | 其他 | 增加产能 | 增加新产品 | 改进工艺 | 节约能源（材料） | 提高产品质量 | 保护环境 | 其他 | | 上年末结余资金 | 国家预算资金 | 国内贷款 | 债券 | 利用外资 | 自筹资金 | 其他资金来源 | 施工面积 | 竣工面积 |
| | 24 | 25 | 26 | 27 | 28 | 29 | 30 | 31 | 32 | 33 | 34 | 35 | 36 | 37 | 38 | 39 | 40 | 41 | 42 | 43 |
| 合计 | 填报本单位本年完成规模以上固定资产投资合计数 | | | | | | | | | | | | | | | | | | | |
| 项目1<br>项目2<br>⋮<br>50万～5000万元项目小计 | | | | | | | | | | | | | | | | | | | | |

单位负责人：　　统计负责人：　　填表人：　　报出日期：20　年　月　日

说明："去年同期"将自动显示报送系统中去年上报的数据，请认真核对，可根据需要修改。

## （十一）年底保有的地质储量及三级矿量

表　　号：钢年基 08 表
制定机关：中国钢铁工业协会
批准机关：国家统计局
批准文号：国统制［2018］72 号
有效期至：2021 年 5 月

组织机构代码□□□□□□□□－□
统一社会信用代码□□□□□□□□□□□□□□□□□□
单位详细名称：　　　　20　年

| 矿山或矿区名称 | 代码 | 露天或坑下 | 矿石种类 | 基础储量 | | | | | | 资源量 | | | 查明资源储量 | | | 质量情况 |
|---|---|---|---|---|---|---|---|---|---|---|---|---|---|---|---|---|
| | | | | | | | 其中：储量 | | | | | | | | | |
| | | | | 矿量（万吨） | 金属量（万吨） | 品位（%） | 矿量（万吨） | 金属量（万吨） | 品位（%） | 矿量（万吨） | 金属量（万吨） | 品位（%） | 矿量（万吨） | 金属量（万吨） | 品位（%） | （伴生矿及有害杂质成分等） |
| 甲 | 乙 | 1 | 2 | 3 | 4 | 5 | 6 | 7 | 8 | 9 | 10 | 11 | 12 | 13 | 14 | 15 |
| 铁矿合计 | 填报本单位本年铁矿合计数 | | | | | | | | | | | | | | | |
| ××矿山 | | | | | | | | | | | | | | | | |
| ××矿山 | | | | | | | | | | | | | | | | |
| ⋮ | | | | | | | | | | | | | | | | |
| 其他矿 | | | | | | | | | | | | | | | | |
| ××矿山 | | | | | | | | | | | | | | | | |
| ××矿山 | | | | | | | | | | | | | | | | |
| ⋮ | | | | | | | | | | | | | | | | |

填表说明：

1. 关于储量的标准参见《中华人民共和国国家标准 GB/T 17766—1999》。
2. 主要逻辑审核关系：
（1）查明保有资源储量__矿量 = 基础储量__矿量 + 资源量__矿量
（2）查明保有资源储量__金属量 = 基础储量__金属量 + 资源量__金属量
（3）基础储量__矿量__≥储量__矿量
（4）基础储量__金属量≥储量__金属量
3. 三级矿量也叫生产矿量，是按采矿准备程度来划分的矿量，分开拓矿量、采准矿量、备采矿量三级（露天开采只有开拓与备采二级矿量）。开拓矿量是矿山开拓巷道水平以上的平衡表内的矿量；采准矿量是在开拓矿体范围，做好采矿准备巷道所圈定的储量；备采矿量是在采准矿体范围内，做好采矿准备，已完成切割工程，可以立即进行回采的矿量。
4. 累计亏欠量：就是到年底为止按照正常采掘（剥）比例关系，应该“掘进”未掘，应该“剥离”未剥的工程量的累计数。

续表

| 矿山或矿区名称 | 开拓矿量 | | | 采准矿量 | | | 备采矿量 | | | 累计亏欠量 | | 年底存储矿量（万吨） | |
|---|---|---|---|---|---|---|---|---|---|---|---|---|---|
| | 矿量（万吨） | 品位（%） | 保有月数 | 矿量（万吨） | 品位（%） | 保有月数 | 矿量（万吨） | 品位（%） | 保有月数 | 掘进：（米） | 剥离：（万吨） | 合计 | 其中：永久不能放的 |
| | 16 | 17 | 18 | 19 | 20 | 21 | 22 | 23 | 24 | 25 | 26 | 27 | 28 |
| 铁矿合计 | 填报本单位本年铁矿合计数 | | | | | | | | | | | | |
| ××矿山<br>××矿山<br>⋮<br>其他矿<br>××矿山<br>××矿山 | | | | | | | | | | | | | |

单位负责人：　　统计负责人：　　填表人：　　报出日期：20　年　月　日

## （十二）产品销售利润构成

表　　号：钢年基09表
制定机关：中国钢铁工业协会
批准机关：国家统计局
批准文号：国统制［2018］72号
有效期至：2021年5月

组织机构代码□□□□□□□□-□
统一社会信用代码□□□□□□□□□□□□□□□□□□
单位详细名称：　　　　20　年　　　　计量单位：万元

| 产品名称 | 代码 | 销售量（吨） | 销售收入 | 销售成本 | 销售费用 | 销售税金及附加 | 销售利润 |
|---|---|---|---|---|---|---|---|
| 甲 | 乙 | 1 | 2 | 3 | 4 | 5 | 6 |
| 按本制度第五部分附录（五）《产品销售利润构成目录》填报 | 数据关系：<br>销售利润＝销售收入－销售成本－销售费用－销售税金及附加<br>铁矿石成品≥铁精矿<br>粗钢≥连铸坯<br>钢材＝铁道用钢材＋大型型钢＋中小型型钢＋棒材＋钢筋＋线材（盘条）＋特厚板＋厚板＋中板＋热轧薄板＋冷轧薄板＋中厚宽钢带＋热轧薄宽钢带＋冷轧薄宽钢带＋热轧窄钢带＋冷轧窄钢带＋镀层板（带）＋涂层板（带）＋电工钢板（带）＋无缝钢管＋焊接钢管＋其他钢材 | | | | | | |

单位负责人：　　统计负责人：　　填表人：　　报出日期：20　年　月　日

## （十三）主要原、辅材料产、购、消、存

表　　号：钢年基 10 表
制定机关：中国钢铁工业协会
批准机关：国家统计局
批准文号：国统制［2018］72 号
有效期至：2021 年 5 月

组织机构代码□□□□□□□□－□
统一社会信用代码□□□□□□□□□□□□□□□□□□
单位详细名称：　　　　　　20　年

| 物资名称 | 计量单位 | 代码 | 年初库存 | 本年外购 | | 本年生产 | 本年消费 | 消费构成 | | | | | |
|---|---|---|---|---|---|---|---|---|---|---|---|---|---|
| | | | | | 进口 | | | 采矿 | 选矿 | 烧结球团 | 炼铁 | 电炉炼钢 | 转炉炼钢 |
| 甲 | 乙 | 丙 | 1 | 2 | 3 | 4 | 5 | 6 | 7 | 8 | 9 | 10 | 11 |
| 按本制度第五部分附录（六）《主要原、辅材料产、购、消、存目录》填报 | 数据关系：<br>2≥3<br>5 =6 +7 +8 +9 +10 +11 +12 +13 +14 +15 +16 +17 +18 +19 +20<br>23 =1 +2 +4 －5 －21 +22 | | | | | | | | | | | | |

续表

| 消费构成 | | | | | | | | | 本年外销 | 盘盈（+）/盘亏（－） | 年末库存 |
|---|---|---|---|---|---|---|---|---|---|---|---|
| 炉外精炼 | 连铸 | 钢加工 | 钢丝及制品 | 铁合金 | 耐火材料 | 炼焦 | 炭素制品 | 其他 | | | |
| 12 | 13 | 14 | 15 | 16 | 17 | 18 | 19 | 20 | 21 | 22 | 23 |

单位负责人：　　统计负责人：　　填表人：　　报出日期：　年　月　日

## （十四）主要产品产、销、存

表　　号：钢年基11表
制定机关：中国钢铁工业协会
批准机关：国家统计局
批准文号：国统制［2018］72号
有效期至：2021年5月

组织机构代码□□□□□□□□□－□
统一社会信用代码□□□□□□□□□□□□□□□□□□
单位详细名称：　　　　20　年　　　　计量单位：吨

| 产品名称 | 代码 | 年初库存 | 本年外购 | 本年生产 | 本年自用 | 本年自有产品销售 | 其中：本年出口 | 盘盈(+)/盘亏(-) | 年末库存 |
|---|---|---|---|---|---|---|---|---|---|
| 甲 | 乙 | 1 | 2 | 3 | 4 | 5 | 6 | 7 | 8 |
| 按本制度第五部分附录（七）《主要产品产、销、存目录》填报 | 数据关系：<br>5＝1＋2＋3－4＋7－8<br>5≥6<br>铁矿石成品≥铁精矿<br>粗钢≥连铸坯<br>钢材＝铁道用钢材＋大型型钢＋中小型型钢＋棒材＋钢筋＋线材(盘条)＋特厚板＋厚板＋中板＋热轧薄板＋冷轧薄板＋中厚宽钢带＋热轧薄宽钢带＋冷轧薄宽钢带＋热轧窄钢带＋冷轧窄钢带＋镀层板(带)＋涂层板(带)＋电工钢板(带)＋无缝钢管＋焊接钢管＋其他钢材<br>铁道用钢材≥重轨＋轻轨<br>大型型钢≥H型钢＋I型钢＋U型钢＋角钢<br>中小型型钢≥I型钢＋U型钢＋角钢<br>镀层板(带)≥镀锌板(带)＋镀锡板(带)<br>其他钢材≥冷弯型钢 | | | | | | | | |

单位负责人：　　　统计负责人：　　　填表人：　　　报出日期：20　年　月　日

## （十五）劳动工资情况

表　　号：钢年基 12 表
制定机关：中国钢铁工业协会
批准机关：国家统计局
批准文号：国统制［2018］72 号
有效期至：2021 年 5 月

组织机构代码□□□□□□□□－□
统一社会信用代码□□□□□□□□□□□□□□□□□□
单位详细名称：　　　　20　年

| 指标名称 | 计量单位 | 代码 | 本年 | | 去年同期 | |
|---|---|---|---|---|---|---|
| | | | 全部人员 | 主业人员 | 全部人员 | 主业人员 |
| 甲 | 乙 | 丙 | 1 | 2 | 3 | 4 |
| 一、从业人员年末人数 | 人 | 1 | | | | |
| 其中：女性 | 人 | 2 | | | | |
| 其中：非全日制 | 人 | 3 | | | | |
| （一）在岗职工 | 人 | 4 | | | | |
| （二）劳务派遣人员 | 人 | 5 | | | | |
| （三）其他从业人员 | 人 | 6 | | | | |
| 二、离开本单位仍保留劳动关系的职工年末人数 | 人 | 7 | | | | |
| 三、从业人员年平均人数 | 人 | 8 | | | | |
| （一）在岗职工 | 人 | 9 | | | | |
| （二）劳务派遣人员 | 人 | 10 | | | | |
| （三）其他从业人员 | 人 | 11 | | | | |
| 四、离开本单位仍保留劳动关系的职工年平均人数 | 人 | 12 | | | | |
| 五、从业人员变动情况 | — | — | | | | |
| （一）增加人数 | 人 | 13 | | | | |
| 1. 从农村招收 | 人 | 14 | | | | |
| 2. 从城镇招收 | 人 | 15 | | | | |
| 3. 录用的退伍军人 | 人 | 16 | | | | |
| 4. 录用的大、中专、技工学校毕业生 | 人 | 17 | | | | |

续表

| 指标名称 | 计量单位 | 代码 | 本年 | | 去年同期 | |
|---|---|---|---|---|---|---|
| | | | 全部人员 | 主业人员 | 全部人员 | 主业人员 |
| 甲 | 乙 | 丙 | 1 | 2 | 3 | 4 |
| 5. 调入 | 人 | 18 | | | | |
| 其中：由外省、自治区、直辖市调入 | 人 | 19 | | | | |
| 6. 其他 | 人 | 20 | | | | |
| （二）减少人数 | 人 | 21 | | | | |
| 1. 离休、退休、退职 | 人 | 22 | | | | |
| 2. 开除、除名、辞退 | 人 | 23 | | | | |
| 3. 终止、解除合同 | 人 | 24 | | | | |
| 4. 离开本单位仍保留劳动关系的职工 | 人 | 25 | | | | |
| 5. 死亡 | 人 | 26 | | | | |
| 6. 调出 | 人 | 27 | | | | |
| 其中：调到外省、自治区、直辖市 | 人 | 28 | | | | |
| 7. 其他 | 人 | 29 | | | | |
| 六、从业人员工资总额 | 万元 | 30 | | | | |
| （一）在岗职工 | 万元 | 31 | | | | |
| （二）劳务派遣人员 | 万元 | 32 | | | | |
| （三）其他从业人员 | 万元 | 33 | | | | |
| 七、离开本单位仍保留劳动关系的职工生活费 | 万元 | 34 | | | | |

单位负责人：　　统计负责人：　　填表人：　　报出日期：　年　月　日

说明：　1 =4 +5 +6　　8 =9 +10 +11　　13 =14 + … +18 +20

21 =22 +23 +24 +25 +26 +27 +29　　30 =31 +32 +33

“去年同期”将自动显示报送系统中去年上报的数据，请认真核对，可根据需要修改。

## （十六）主要财务状况表

表　　号：钢年基 13 表
制定机关：中国钢铁工业协会
批准机关：国家统计局
批准文号：国统制［2018］72 号
有效期至：2021 年 5 月
计量单位：万元

组织机构代码□□□□□□□□－□
统一社会信用代码□□□□□□□□□□□□□□□□□□
单位详细名称：　　　　　　　　20　年

| 指标名称 | 代码 | 本年 | 去年同期 | 指标名称 | 代码 | 本年 | 去年同期 |
|---|---|---|---|---|---|---|---|
| 甲 | 乙 | 1 | 2 | 甲 | 乙 | 1 | 2 |
| 一、期末资产 | — | — | — | 四、损益及分配 | — | — | — |
| 流动资产合计 | 04 | | | 营业收入 | 21 | | |
| 固定资产原价 | 05 | | | 其中：主营业务收入 | 22 | | |
| 累计折旧 | 06 | | | 营业成本 | 23 | | |
| 其中：本年折旧 | 07 | | | 其中：主营业务成本 | 24 | | |
| 固定资产净值 | 08 | | | 税金及附加 | 25 | | |
| 资产总计 | 09 | | | 其中：主营业务税金及附加 | 26 | | |
| 二、期末负债 | — | — | — | 其他业务利润 | 27 | | |
| 流动负债合计 | 10 | | | 销售费用 | 28 | | |
| 非流动负债合计 | 11 | | | 管理费用 | 29 | | |
| 负债合计 | 12 | | | 财务费用 | 30 | | |
| 三、期末所有者权益 | — | — | — | 投资收益（损失记“－”） | 31 | | |
| 所有者权益合计 | 13 | | | 营业利润 | 32 | | |
| 其中：实收资本 | 14 | | | 营业外收入 | 33 | | |
| 国家资本 | 15 | | | 营业外支出 | 34 | | |
| 集体资本 | 16 | | | 利润总额 | 35 | | |
| 法人资本 | 17 | | | 所得税费用 | 36 | | |
| 个人资本 | 18 | | | 五、增值税 | — | — | — |
| 港澳台资本 | 19 | | | 应交增值税 | 37 | | |
| 外商资本 | 20 | | | 六、产值资料 | — | — | — |
| | | | | 工业总产值（当年价格） | 38 | | |
| | | | | 工业销售产值（当年价格） | 39 | | |
| | | | | | | | |

单位负责人：　　　　统计负责人：　　　　填表人：　　　　报出日期：20　年　月　日

说明：

（1）固定资产净值＝固定资产原价－累计折旧；（2）累计折旧＞其中：本年折旧；（3）负债合计＝流动负债合计＋非流动负债合计；（4）所有者权益合计＝资产总计－负债合计；（5）实收资本＝国家资本＋集体资本＋法人资本＋个人资本＋港澳台资本＋外商资本；（6）营业收入≥其中：主营业务收入；（7）营业成本≥其中：主营业务成本；（8）税金及附加≥其中：主营业务税金及附加；（9）利润总额＝营业利润＋营业外收入－营业外支出；（10）允许所有者权益合计、其他业务利润、财务费用、投资收益、营业利润、利润总额等项目小于0，并用“－”号表示。（11）“去年同期”将自动显示报送系统中去年上报的数据，请认真核对，可根据需要修改。

## （十七）研发活动及相关情况

表　　号：钢年基 14 表
制定机关：中国钢铁工业协会
批准机关：国家统计局
批准文号：国统制［2018］72 号
有效期至：2021 年 5 月

组织机构代码□□□□□□□□-□
统一社会信用代码□□□□□□□□□□□□□□□□□□
单位详细名称：　　　　　　　　　　20　年

| 指标名称 | 计量单位 | 代码 | 本年实际 | 去年同期 | 指标名称 | 计量单位 | 代码 | 本年实际 | 去年同期 |
|---|---|---|---|---|---|---|---|---|---|
| 甲 | 乙 | 丙 | 1 | 2 | 甲 | 乙 | 丙 | 1 | 2 |
| 一、研发人员情况 | — | — | | | （三）委托外单位开展研发的经费支出 | 万元 | 15 | | |
| 研发人员合计 | 人 | 3 | | | 其中：对境内研究机构支出 | 万元 | 16 | | |
| 其中：女性 | 人 | 6 | | | 对境内高等学校支出 | 万元 | 17 | | |
| 其中：全职人员 | 人 | 8 | | | 对境内企业支出 | 万元 | 55 | | |
| 其中：本科毕业及以上人员 | 人 | 53 | | | 对境外支出 | 万元 | 18 | | |
| 二、研发经费情况 | — | — | | | 三、企业办（境内）研发机构情况 | — | — | | |
| 研发经费支出合计 | 万元 | 54 | | | 期末机构数 | 个 | 24 | | |
| 其中：使用来自政府部门的研发资金 | 万元 | 21 | | | 机构人员合计 | 人 | 25 | | |
| （一）企业内部的日常研发经费支出 | 万元 | 9 | | | 其中：博士毕业 | 人 | 26 | | |
| 人员人工费（包含各种补贴） | 万元 | 10 | | | 硕士毕业 | 人 | 27 | | |
| 原材料费 | 万元 | 11 | | | 本科毕业 | 人 | 28 | | |
| 折旧费用与长期费用摊销 | 万元 | 12 | | | 机构经费支出 | 万元 | 29 | | |
| 无形资产摊销 | 万元 | 13 | | | 机构承担研发项目数 | 项 | 90 | | |
| 其他费用 | 万元 | 14 | | | 期末仪器和设备原价 | 万元 | 30 | | |
| （二）当年形成用于研发的固定资产支出 | 万元 | 19 | | | 其中：进口 | 万元 | 31 | | |
| 其中：仪器和设备 | 万元 | 20 | | | 四、研发产出及相关情况 | — | — | | |

续表

| 指标名称 | 计量单位 | 代码 | 本年实际 | 去年同期 | 指标名称 | 计量单位 | 代码 | 本年实际 | 去年同期 |
|---|---|---|---|---|---|---|---|---|---|
| 甲 | 乙 | 丙 | 1 | 2 | 甲 | 乙 | 丙 | 1 | 2 |
| （一）自主知识产权情况 | — | — | | | 发表科技论文 | 篇 | 41 | | |
| 当年专利申请数 | 件 | 32 | | | 期末拥有注册商标 | 件 | 42 | | |
| 其中：发明专利 | 件 | 33 | | | 其中：境外注册 | 件 | 43 | | |
| 期末有效发明专利数 | 件 | 34 | | | 形成国家或行业标准 | 项 | 44 | | |
| 其中：境外授权 | 件 | 35 | | | 五、其他相关情况 | — | — | | |
| 其中：已被实施 | 件 | 52 | | | （一）政府相关政策落实情况 | — | — | | |
| 专利所有权转让及许可数 | 件 | 36 | | | 研究开发费用加计扣除减免税 | 万元 | 45 | | |
| 专利所有权转让及许可收入 | 万元 | 37 | | | 高新技术企业减免税 | 万元 | 46 | | |
| （二）新产品生产及销售情况 | — | — | | | （二）技术获取和技术改造情况 | — | — | | |
| 新产品产值 | 万元 | 38 | | | 引进境外技术经费支出 | 万元 | 47 | | |
| 新产品销售收入 | 万元 | 39 | | | 引进境外技术的消化吸收经费支出 | 万元 | 48 | | |
| 其中：出口 | 万元 | 40 | | | 购买境内技术经费支出 | 万元 | 49 | | |
| （三）其他情况 | — | — | | | 技术改造经费支出 | 万元 | 50 | | |

单位负责人：　　统计负责人：　　填表人：　　报出日期：20　年　月　日

说明：

（1）3≥25≥26+27+28　（2）3≥6　（3）3≥8　（4）3≥53≥26+27+28

（5）54=9+19+15≥21　（6）9=10+11+12+13+14　（7）若3>0，则10>0

（8）若10>0，则3>0　（9）19≥20　（10）15=16+17+55+18

（11）9+19-12-13≥29　（12）30≥31　（13）若24>0，则25>0且29>0

（14）若25>0，则24>0且29>0　（15）若29>0，则24>0且25>0　（16）若30>0，则24>0

（17）32≥33　（18）34≥35　（19）34≥35

（20）39≥40　（21）42≥43

“去年同期”将自动显示报送系统中去年上报的数据，请认真核对，可根据需要修改。

## （十八）能源购消存表

表　　号：钢年基 15 表
制定机关：中国钢铁工业协会
批准机关：国家统计局
批准文号：国统制［2018］72 号
有效期至：2021 年 5 月

组织机构代码□□□□□□□□□－□
统一社会信用代码□□□□□□□□□□□□□□□□□□
单位详细名称：　　　　　　　　　　20　年

| 能源名称 | 计量单位 | 代码 | 年初库存 | 本年购进 | | 本年消费 | | | | | | | | | | | |
|---|---|---|---|---|---|---|---|---|---|---|---|---|---|---|---|---|---|
| | | | | 实物量 | 金额（万元） | 合计 | 1. 工业生产消费 | | | | | | | | | | |
| | | | | | | | 合计 | 其中：用于原材料 | 其中：用于加工转换投入 | | | | | | | | |
| | | | | | | | | | 合计 | 火力发电 | 供热 | 原煤入洗 | 炼焦 | 炼油及煤制油 | 制气 | 天然气液化 | 加工煤制品 |
| 甲 | 乙 | 丙 | 1 | 2 | 3 | 4 | 5 | 6 | 7 | 8 | 9 | 10 | 11 | 12 | 13 | 14 | 15 |
| 按照本制度第五部分附录（八）《能源填报目录》填报 | | | | | | | | | | | | | | | | | |

续表

| 能源名称 | 2. 非工业生产消费 | 合计中：运输工具消费 | 期末库存 | 能源加工转换产出 | 回收利用 | 采用折标系数 | 参考折标系数 |
|---|---|---|---|---|---|---|---|
| | 16 | 17 | 18 | 19 | 20 | 21 | 22 |
| 按照本制度第五部分附录（八）《能源填报目录》填报 | | | | | | | |

补充资料：本年综合能源消费量：　　　　吨标准煤

单位负责人：　　　　统计负责人：　　　　填表人：　　　　报出日期：　　年　月　日

说明：

1. 主要逻辑审核关系

（1）消费合计 = 工业生产消费 + 非工业生产消费；（2）工业生产消费 ≥ 用于原材料；（3）本年消费合计 ≥ 运输工具消费；

（4）加工转换投入合计 = 火力发电 + 供热 + 原煤入洗 + 炼焦 + 炼油及煤制油 + 制气 + 天然气液化 + 加工煤制品

2. 综合能源消费量的计算方法

有能源加工转换活动的企业：综合能源消费量 = 工业生产消费合计 − 能源加工转换产出 − 回收利用；

无能源加工转换活动的企业：综合能源消费量 = 工业生产消费合计 − 回收利用。

## （十九）用水情况表

表　　号：钢年基16表
制定机关：中国钢铁工业协会
批准机关：国家统计局
批准文号：国统制［2018］72号
有效期至：2021年5月
计量单位：米$^3$

组织机构代码□□□□□□□□□-□
统一社会信用代码□□□□□□□□□□□□□□□□□□
单位详细名称：　　　　20　年

| 指标名称 | 代　码 | 取水量 | 外供水量 |
| --- | --- | --- | --- |
| 甲 | 乙 | 1 | 2 |
| 合计 | 01 | | |
| 1. 地表淡水 | 02 | | |
| 2. 地下淡水 | 03 | | |
| 3. 自来水 | 04 | | |
| 4. 海水 | 05 | | |
| 5. 陆地苦咸水 | 06 | | |
| 6. 矿井水 | 07 | | |
| 7. 雨水 | 08 | | |
| 8. 再生水（中水） | 09 | | |
| 9. 海水淡化水 | 10 | | |
| 10. 其他水 | 11 | | |

补充资料：

（11）外排放水量 ____________

（12）重复用水量 ____________

（13）污水处理量 ____________

单位负责人：　　统计负责人：　　填表人：　　报出日期：　　年　月　日

说明：

合计＝地表淡水＋地下淡水＋自来水＋海水＋陆地苦咸水＋矿井水＋雨水＋再生水（中水）＋海水淡化水＋其他水

## （二十）重点统计单位生产经营旬报

表　　号：钢旬产 01 表
制定机关：中国钢铁工业协会
批准机关：国家统计局
批准文号：国统制［2018］72 号
有效期至：2021 年 5 月

组织机构代码□□□□□□□□-□
统一社会信用代码□□□□□□□□□□□□□□□□□□
单位详细名称：　　　　20　年　月

| 品种名称 | 代码 | 计量单位 | 产量 | | | | 销售结算量 | | 库存量 | | 出厂结算平均价格（元/吨） | | 产量波动原因说明 |
|---|---|---|---|---|---|---|---|---|---|---|---|---|---|
| | | | 本旬 | 去年同旬 | 本月累计 | 去年同月累计 | 本旬 | 本月累计 | 年初 | 本旬末 | 本旬平均 | 本月平均 | |
| 甲 | 乙 | 丙 | 1 | 2 | 3 | 4 | 5 | 6 | 7 | 8 | 9 | 10 | 11 |
| 焦炭 | 1 | 吨 | | | | | | | | | | | |
| 生铁 | 2 | 吨 | | | | | | | | | | | |
| 粗钢 | 3 | 吨 | | | | | | | | | | | |
| 钢材 | 4 | 吨 | | | | | | | | | | | |
| 铁道用钢材 | 5 | 吨 | | | | | | | | | | | |
| 大型型钢 | 6 | 吨 | | | | | | | | | | | |
| 中小型型钢 | 7 | 吨 | | | | | | | | | | | |
| 棒材 | 8 | 吨 | | | | | | | | | | | |
| 钢筋 | 9 | 吨 | | | | | | | | | | | |
| 线材（盘条） | 10 | 吨 | | | | | | | | | | | |
| 特厚板 | 11 | 吨 | | | | | | | | | | | |
| 厚钢板 | 12 | 吨 | | | | | | | | | | | |
| 中板 | 13 | 吨 | | | | | | | | | | | |

续表

| 品种名称 | 代码 | 计量单位 | 产量 | | | | 销售结算量 | | 库存量 | | 出厂结算平均价格（元/吨） | | 产量波动原因说明 |
|---|---|---|---|---|---|---|---|---|---|---|---|---|---|
| | | | 本旬 | 去年同旬 | 本月累计 | 去年同月累计 | 本旬 | 本月累计 | 年初 | 本旬末 | 本旬平均 | 本月平均 | |
| 甲 | 乙 | 丙 | 1 | 2 | 3 | 4 | 5 | 6 | 7 | 8 | 9 | 10 | 11 |
| 热轧薄板 | 14 | 吨 | | | | | | | | | | | |
| 冷轧薄板 | 15 | 吨 | | | | | | | | | | | |
| 中厚宽钢带 | 16 | 吨 | | | | | | | | | | | |
| 热轧薄宽钢带 | 17 | 吨 | | | | | | | | | | | |
| 冷轧薄宽钢带 | 18 | 吨 | | | | | | | | | | | |
| 热轧窄钢带 | 19 | 吨 | | | | | | | | | | | |
| 冷轧窄钢带 | 20 | 吨 | | | | | | | | | | | |
| 镀层板（带） | 21 | 吨 | | | | | | | | | | | |
| 涂层板（带） | 25 | 吨 | | | | | | | | | | | |
| 电工钢板（带） | 26 | 吨 | | | | | | | | | | | |
| 无缝钢管 | 29 | 吨 | | | | | | | | | | | |
| 焊接钢管 | 30 | 吨 | | | | | | | | | | | |
| 其他钢材 | 31 | 吨 | | | | | | | | | | | |

单位负责人：　　　　统计负责人：　　　　填表人：　　　　报出日期：20　年　月　日

说明：1. 钢材分品种数据，可根据企业生产钢材品种的实际情况，在系统初始化“指标设置”中一次性选择设置。

2. “出厂结算平均价格（元/吨）”为“含税价格”。

3. 旬报日产量，当本旬与上一旬环比波动增减幅度超过3%、本旬与去年同期同比波动增减幅度超过5%或者日产波动超过1万吨时，须填报产量波动原因说明。波动原因包含设备开停增减、设备效率提高或降低、工艺技术改进等。

## （二十一）重点统计单位主要产品产量月报

表　　号：钢月产 01 表
制定机关：中国钢铁工业协会
批准机关：国家统计局
批准文号：国统制［2018］72 号
有效期至：2021 年 5 月

组织机构代码□□□□□□□□□－□
统一社会信用代码□□□□□□□□□□□□□□□□□□
单位详细名称：　　20　年　月

| 产品名称 | 代码 | 计量单位 | 本月 | 去年同月 | 本年累计 | 去年同期累计 | 累计同比增减(%) | 产量波动原因说明 |
|---|---|---|---|---|---|---|---|---|
| 甲 | 乙 | 丙 | 1 | 2 | 3 | 4 | 5 | 6 |
| 按本制度第五部分附录(九)《重点统计单位主要产品产量月报产品目录》填报 | | 吨 | | | | | | |

单位负责人：　　统计负责人：　　填表人：　　报出日期：20　年　月　日

说明：

1. 钢材细分品种依企业自身实际情况选填，可在报送系统“指标设置”中相应选择。
2. 当月生铁或粗钢或钢材日产量同比增减幅度超过 5% 或环比增减幅度超过 3% 时，须填报产量波动原因说明。波动原因包含设备开停增减、设备效率提高或降低、工艺技术改进等。

## （二十二）分省市钢铁企业主要产品产量月报

表　　号：钢月产02表
制定机关：中国钢铁工业协会
批准机关：国家统计局
批准文号：国统制［2018］72号
有效期至：2021年5月

组织机构代码□□□□□□□□－□
统一社会信用代码□□□□□□□□□□□□□□□□□□
单位详细名称：　　　　20　年　月

| 产品名称 | 代码 | 计量单位 | 分省市 | 本月 | 去年同月 | 本年累计 | 去年同期累计 | 累计同比增减(%) |
|---|---|---|---|---|---|---|---|---|
| 甲 | 乙 | 丙 | 丁 | 1 | 2 | 3 | 4 | 5 |
| 铁矿石、生铁、粗钢、钢材、钢材22大类品种 | | 吨 | 除台湾、香港、澳门外的31个省级行政区 | | | | | |

单位负责人：　　　统计负责人：　　　填表人：　　　报出日期：20　年　月　日

说明：

1. 有跨省市的会员钢铁企业须按分省市填报粗钢、生铁、钢材及22大品种、铁矿石产量情况。
2. 钢材细分品种依企业自身实际情况选填，可在报送系统中“指标设置”中相应选择。

## （二十三）重点统计单位主要产品产能月报

表　　号：钢月产 03 表
制定机关：中国钢铁工业协会
批准机关：国家统计局
批准文号：国统制［2018］72 号
有效期至：2021 年 5 月

组织机构代码□□□□□□□□ - □
统一社会信用代码□□□□□□□□□□□□□□□□□□
单位详细名称：　　20　年　月

| 产品名称 | 代码 | 计量单位 | 本年 | 去年 | 同比增减（%） | 产能变动原因说明 |
|---|---|---|---|---|---|---|
| 甲 | 乙 | 丙 | 1 | 2 | 3 | 4 |
| 生铁 | 1 | 万吨 | | | | |
| 粗钢 | 2 | 万吨 | | | | |
| 钢材 | 3 | 万吨 | | | | |
| 其中：铁道用钢材 | 4 | 万吨 | | | | |
| 大型型钢 | 5 | 万吨 | | | | |
| 中小型型钢 | 6 | 万吨 | | | | |
| 棒材 | 7 | 万吨 | | | | |
| 钢筋 | 8 | 万吨 | | | | |
| 线材 | 9 | 万吨 | | | | |
| 特厚板 | 10 | 万吨 | | | | |
| 厚板 | 11 | 万吨 | | | | |
| 中板 | 12 | 万吨 | | | | |
| 热轧薄板 | 13 | 万吨 | | | | |
| 冷轧薄板 | 14 | 万吨 | | | | |
| 热轧中厚宽钢带 | 15 | 万吨 | | | | |
| 冷轧中厚宽钢带 | 16 | 万吨 | | | | |
| 热轧薄宽钢带 | 17 | 万吨 | | | | |
| 冷轧薄宽钢带 | 18 | 万吨 | | | | |
| 热轧窄钢带 | 19 | 万吨 | | | | |
| 冷轧窄钢带 | 20 | 万吨 | | | | |
| 镀层板（带） | 21 | 万吨 | | | | |
| 涂层板（带） | 22 | 万吨 | | | | |
| 电工钢板（带） | 23 | 万吨 | | | | |
| 无缝钢管 | 24 | 万吨 | | | | |
| 焊接钢管 | 25 | 万吨 | | | | |
| 其他钢材 | 26 | 万吨 | | | | |

说明：

1. 原则上，各企业需每月填报此表。为减少填报员工作量，可允许在没有变动情况下，各企业 1 月填报后，不再重复填报；若有变动，需及时修改。
2. 本表所需填报的产能，一般情况下按投产、转固后的设备/生产线的设计产能填报；若设备/生产线处于未达产的试运行、试生产阶段，按实际产量填报产能数。

## （二十四）重点统计单位主要技术经济指标月报

表　　号：钢月技01表
制定机关：中国钢铁工业协会
批准机关：国家统计局
批准文号：国统制［2018］72号
有效期至：2021年5月

组织机构代码□□□□□□□□－□
统一社会信用代码□□□□□□□□□□□□□□□□□□
单位详细名称：　　　　20　年　月

| 指标名称 | 代码 | 计量单位 | | | 本月实际 | 计算根据 | | 1月至本月平均 | 计算根据 | |
|---|---|---|---|---|---|---|---|---|---|---|
| | | 指标 | 子项 | 母项 | | 子项 | 母项 | | 子项 | 母项 |
| 甲 | 乙 | 丙 | 丁 | 戊 | 1 | 2 | 3 | 4 | 5 | 6 |
| 按本制度第五部分附录（十）《重点统计单位主要技术经济指标月报指标目录》填报 | | | | | | | | | | |

单位负责人：　　统计负责人：　　填表人：　　报出日期：20　年　月　日

## （二十五）重点统计单位产品质量指标月报

表　　号：钢月质 01 表
制定机关：中国钢铁工业协会
批准机关：国家统计局
批准文号：国统制［2018］72 号
有效期至：2021 年 5 月

组织机构代码□□□□□□□□－□
统一社会信用代码□□□□□□□□□□□□□□□□□□
单位详细名称：　　　　　　　　20　年　月

| 指标名称 | 代码 | 计量单位 | | | 本年实际 | 计算根据 | | 同比增减 |
|---|---|---|---|---|---|---|---|---|
| | | 指标 | 子项 | 母项 | | 子项 | 母项 | （±） |
| 甲 | 乙 | 丙 | 丁 | 戊 | 1 | 2 | 3 | 4 |
| 按本制度第五部分附录（十三）《重点统计单位产品质量指标月报指标目录》填报 | | | | | | | | |

单位负责人：　　　统计负责人：　　　填表人：　　　报出日期：20　年　月　日

## （二十六）重点统计单位能源消耗指标月报

表　　号：钢月耗01表
制定机关：中国钢铁工业协会
批准机关：国家统计局
批准文号：国统制［2018］72号
有效期至：2021年5月

组织机构代码□□□□□□□□-□
统一社会信用代码□□□□□□□□□□□□□□□□□□
单位详细名称：　　　　　　20　年　月

| 指标名称 | 代码 | 能耗 | | | 产品产量 | | | 单耗 | | | 同期比较 | |
|---|---|---|---|---|---|---|---|---|---|---|---|---|
| | | 计量单位 | 本年累计 | 去年同期 | 计量单位 | 本年累计 | 去年同期 | 计量单位 | 本年累计 | 去年同期 | 增减量 | 增减（%） |
| 甲 | 乙 | 丙 | 1 | 2 | 丁 | 3 | 4 | 戊 | 5 | 6 | 7 | 8 |
| 一、综合能耗指标 | 1 | | | | | | | | | | | |
| 总能耗 | 2 | 万吨标煤 | | | — | — | — | — | — | — | — | |
| 吨钢综合能耗 | 3 | 万吨标煤 | | | 万吨 | | | 千克标煤/吨 | | | | |
| 吨钢可比能耗 | 4 | — | — | — | — | — | — | 千克标煤/吨 | | | | |
| 吨钢耗电 | 5 | 万千瓦时 | | | 万吨 | | | 千瓦时/吨 | | | | |
| 吨钢耗新水 | 6 | 万立方米 | | | 万吨 | | | 米³/吨 | | | | |
| 二、工序能耗指标 | 7 | | | | | | | | | | | |
| 烧结工序能耗 | 8 | 万吨标煤 | | | 万吨 | | | 千克标煤/吨 | | | | |
| 球团工序能耗 | 9 | 万吨标煤 | | | 万吨 | | | 千克标煤/吨 | | | | |
| 焦化工序能耗 | 10 | 万吨标煤 | | | 万吨 | | | 千克标煤/吨 | | | | |
| 焦炉煤气放散量（率） | 11 | 万立方米 | ① | | 万立方米 | ② | | % | | | | |
| 炼铁工序能耗 | 12 | 万吨标煤 | | | 万吨 | | | 千克标煤/吨 | | | | |
| 高炉煤气放散量（率） | 13 | 万立方米 | ③ | | 万立方米 | ④ | | % | | | | |
| 转炉炼钢工序能耗 | 14 | 万吨标煤 | | | 万吨 | | | 千克标煤/吨 | | | | |
| 铁水预处理能耗 | 15 | 万吨标煤 | | | 万吨 | | | 千克标煤/吨 | | | | |
| 转炉冶炼能耗 | 16 | 万吨标煤 | | | 万吨 | | | 千克标煤/吨 | | | | |
| 二次冶金（精炼）能耗 | 17 | 万吨标煤 | | | 万吨 | | | 千克标煤/吨 | | | | |
| 连铸能耗 | 18 | 万吨标煤 | | | 万吨 | | | 千克标煤/吨 | | | | |
| 转炉煤气（吨钢）回收量 | 19 | 万立方米 | ⑤ | | 万吨 | | | 米³/吨 | | | | |
| 电炉炼钢工序能耗 | 20 | 万吨标煤 | | | 万吨 | | | 千克标煤/吨 | | | | |

续表

| 指标名称 | 代码 | 能耗 | | | 产品产量 | | | 单耗 | | | 同期比较 | |
|---|---|---|---|---|---|---|---|---|---|---|---|---|
| | | 计量单位 | 本年累计 | 去年同期 | 计量单位 | 本年累计 | 去年同期 | 计量单位 | 本年累计 | 去年同期 | 增减量 | 增减（%） |
| 甲 | 乙 | 丙 | 1 | 2 | 丁 | 3 | 4 | 戊 | 5 | 6 | 7 | 8 |
| 电炉冶炼能耗 | 21 | 万吨标煤 | | | 万吨 | | | 千克标煤/吨 | | | | |
| 电炉冶炼电耗 | 22 | 万吨千瓦时 | | | 万吨 | | | 千瓦时/吨 | | | | |
| 二次冶金（精炼）能耗 | 23 | 万吨标煤 | | | 万吨 | | | 千克标煤/吨 | | | | |
| 二次冶金（精炼）电耗 | 24 | 万吨千瓦时 | | | 万吨 | | | 千瓦时/吨 | | | | |
| 连铸能耗 | 25 | 万吨标煤 | | | 万吨 | | | 千克标煤/吨 | | | | |
| 钢加工工序能耗 | 26 | 万吨标煤 | | | 万吨 | | | 千克标煤/吨 | | | | |
| 其中：热轧工序能耗 | 27 | 万吨标煤 | | | 万吨 | | | 千克标煤/吨 | | | | |
| 其中：大型轧机（厂）能耗 | 28 | 万吨标煤 | | | 万吨 | | | 千克标煤/吨 | | | | |
| 中型轧机（厂）能耗 | 29 | 万吨标煤 | | | 万吨 | | | 千克标煤/吨 | | | | |
| 小型轧机（厂）能耗 | 30 | 万吨标煤 | | | 万吨 | | | 千克标煤/吨 | | | | |
| 线材轧机（厂）能耗 | 31 | 万吨标煤 | | | 万吨 | | | 千克标煤/吨 | | | | |
| 中厚板轧机（厂）能耗 | 32 | 万吨标煤 | | | 万吨 | | | 千克标煤/吨 | | | | |
| 热轧宽带钢轧机(厂)能耗 | 33 | 万吨标煤 | | | 万吨 | | | 千克标煤/吨 | | | | |
| 热轧无缝管轧机(厂)能耗 | 34 | 万吨标煤 | | | 万吨 | | | 千克标煤/吨 | | | | |
| 冷轧工序能耗 | 35 | 万吨标煤 | | | 万吨 | | | 千克标煤/吨 | | | | |
| 其中：冷轧宽带钢轧机（厂）能耗 | 36 | 万吨标煤 | | | 万吨 | | | 千克标煤/吨 | | | | |
| 冷轧窄带钢轧机(厂)能耗 | 37 | 万吨标煤 | | | 万吨 | | | 千克标煤/吨 | | | | |
| 镀层工序能耗 | 38 | 万吨标煤 | | | 万吨 | | | 千克标煤/吨 | | | | |
| 涂层工序能耗 | 39 | 万吨标煤 | | | 万吨 | | | 千克标煤/吨 | | | | |

单位负责人： 统计负责人： 填表人： 报出日期：20 年 月 日

说明：① 焦炉煤气放散量；② 焦炉煤气发生量；③ 高炉煤气放散量；④ 高炉煤气发生量；⑤ 转炉煤气回收量。

## （二十七）重点统计单位钢材、钢坯营销月报

表　　号：钢月销01表
制定机关：中国钢铁工业协会
批准机关：国家统计局
批准文号：国统制［2018］72号
有效期至：2021年5月

组织机构代码□□□□□□□□－□
统一社会信用代码□□□□□□□□□□□□□□□□□□
单位详细名称：　　　　20　年　月

| 产品名称 | 代码 | 计量单位 | 本月止累计产量 | 本月止累计销售量 | | | | | | 本月止累计自用量 | 盘盈(+)盘亏(-) | 库存量 | |
|---|---|---|---|---|---|---|---|---|---|---|---|---|---|
| | | | | 合计 | 直供 | 分销 | 零售 | 分支机构销售 | 出口 | | | 本年初 | 报告期末 |
| 甲 | 乙 | 丙 | 1 | 2 | 3 | 4 | 5 | 6 | 7 | 8 | 9 | 10 | 11 |
| 按本制度第五部分附录(十二)《重点统计单位钢材、钢坯营销与流向月报产品目录》填报。产量、销售量、自用量、盘盈盘亏量、库存量的定义和计算原则按2004年版《中国钢铁工业生产统计指标体系-指标解释》有关规定执行 | | 吨 | | | | | | | | | | | |

单位负责人：　　统计负责人：　　填表人：　　报出日期：20　年　月　日

## （二十八）重点统计单位钢材、钢坯地区流向月报

表　　号：钢月销 02 表
制定机关：中国钢铁工业协会
批准机关：国家统计局
批准文号：国统制［2018］72 号
有效期至：2021 年 5 月

组织机构代码□□□□□□□□－□
统一社会信用代码□□□□□□□□□□□□□□□□□□
单位详细名称：　　　　（20　年 1～　月）

| 产品名称 | 代码 | 计量单位 | 华北 | | | | | | 东北 | | | |
|---|---|---|---|---|---|---|---|---|---|---|---|---|
| | | | | 河北 | 山西 | 天津 | 北京 | 内蒙古 | | 辽宁 | 吉林 | 黑龙江 |
| 甲 | 乙 | 丙 | 1 | 2 | 3 | 4 | 5 | 6 | 7 | 8 | 9 | 10 |
| 按本制度第五部分附录（十二）《重点统计单位钢材、钢坯营销与流向月报产品目录》填报 | | 吨 | | | | | | | | | | |

单位负责人：　　统计负责人：　　填表人：　　报出日期：20　年　月　日

续表一

| 产品名称 | 代码 | 计量单位 | 华东 | | | | | | | | 中南 | | | | | | |
|---|---|---|---|---|---|---|---|---|---|---|---|---|---|---|---|---|---|
| | | | | 山东 | 上海 | 浙江 | 江苏 | 安徽 | 江西 | 福建 | | 河南 | 湖北 | 湖南 | 广东 | 广西 | 海南 |
| 甲 | 乙 | 丙 | 1 | 2 | 3 | 4 | 5 | 6 | 7 | 8 | 9 | 10 | 11 | 12 | 13 | 14 | 15 |
| 按本制度第五部分附录（十二）《重点统计单位钢材、钢坯营销与流向月报产品目录》填报 | | 吨 | | | | | | | | | | | | | | | |

单位负责人： 统计负责人： 填表人： 报出日期：20 年 月 日

续表二

| 产品名称 | 代码 | 计量单位 | 西北 | 青海 | 宁夏 | 新疆 | 甘肃 | 陕西 | 西南 | 四川 | 贵州 | 云南 | 西藏 | 重庆 | 出口 | 合计 |
|---|---|---|---|---|---|---|---|---|---|---|---|---|---|---|---|---|
| 甲 | 乙 | 丙 | 1 | 2 | 3 | 4 | 5 | 6 | 7 | 8 | 9 | 10 | 11 | 12 | 13 | 14 |
| 按本制度第五部分附录（十二）《重点统计单位钢材、钢坯营销与流向月报产品目录》填报 |  | 吨 |  |  |  |  |  |  |  |  |  |  |  |  |  |  |

单位负责人：　　统计负责人：　　填表人：　　报出日期：20　年　月　日

## （二十九）重点统计单位废钢铁收支存平衡情况月报

表　　号：钢月废01表
制定机关：中国钢铁工业协会
组织机构代码□□□□□□□□-□　　批准机关：国家统计局
统一社会信用代码□□□□□□□□□□□□□□□□□□　　批准文号：国统制［2018］72号
单位详细名称：　　20　年　月　　有效期至：2021年5月

| 项目 \ 品种 | 代码 | 计量单位 | 合计 | | 废钢 | | 废铁 | | 渣钢 | | 边角、切头 | | 直接还原铁 | | 其他 | |
|---|---|---|---|---|---|---|---|---|---|---|---|---|---|---|---|---|
| | | | 本月 | 累计 | 本月 | 累计 | 本月 | 累计 | 本月 | 累计 | 本月 | 累计 | 本月 | 累计 | 本月 | 累计 |
| 甲 | 乙 | 丙 | 1 | 2 | 3 | 4 | 5 | 6 | 7 | 8 | 9 | 10 | 11 | 12 | 13 | 14 |
| 一、期初库存 | 1 | 万吨 | | | | | | | | | | | | | | |
| 二、废钢铁资源合计 | 2 | 万吨 | | | | | | | | | | | | | | |
| 1. 生产回收 | 3 | 万吨 | | | | | | | | | | | | | | |
| 其中：渣钢回收 | 4 | 万吨 | | | | | | | | | | | | | | |
| 2. 非生产回收 | 5 | 万吨 | | | | | | | | | | | | | | |
| 3. 国内采购量 | 6 | 万吨 | | | | | | | | | | | | | | |
| 4. 进口量 | 7 | 万吨 | | | | | | | | | | | | | | |
| 三、消耗量合计 | 8 | 万吨 | | | | | | | | | | | | | | |
| 1. 转炉钢废钢消耗 | 9 | 万吨 | | | | | | | | | | | | | | |
| 2. 电炉钢废钢消耗 | 10 | 万吨 | | | | | | | | | | | | | | |
| 3. 其他钢废钢消耗 | 11 | 万吨 | | | | | | | | | | | | | | |
| 四、合理损耗 | 12 | 万吨 | | | | | | | | | | | | | | |
| 五、调出量 | 13 | 万吨 | | | | | | | | | | | | | | |
| 六、盘盈（+）盘亏（-） | 14 | 万吨 | | | | | | | | | | | | | | |
| 七、期末库存 | 15 | 万吨 | | | | | | | | | | | | | | |

单位负责人：　　统计负责人：　　填表人：　　报出日期：20　年　月　日

说明：

1. 本表由废钢、废铁、渣钢、边角料、切头、其他共6个品种构成。各品种填报范围如下：
（1）废钢：生产过程中产生的废钢铁；技改报废设备、拆迁回收废钢铁；国内采购的重型废钢、中型废钢、小型废钢、统料型废钢、轻料型废钢（含压块）及合格炉料（精选炉料、剪切炉料、破碎炉料）；国外采购的各种类型废钢及废钢炉料；（2）废铁：企业自产和采购的废铁（非合格炼钢生铁）；（3）渣钢：综合利用中回收的渣钢及开发利用钢渣山所回收的废钢铁；（4）边角、切头：轧钢生产中产生的边角余料、切头、切尾；（5）直接还原铁：可替代废钢、生铁炼钢的直接还原铁（海绵铁）生产、采购、消耗及库存量；（6）其他：生产过程中产生的其他含铁金属成分废品（如：氧化铁、铁屑等）。
2. 期初库存：指上年年末分品种的实际库存数。
3. 废钢铁资源合计：指在报告期内实际收入的全部废钢铁数量，即生产回收、非生产回收、国内采购、进口的合计数量。
4. 消耗量合计：指在报告期内实际生产消耗和利用的全部废钢铁数量。由转炉炼钢废钢消耗、电炉炼钢废钢消耗、其他钢废钢消耗构成。废钢消耗统计中不含炼钢生铁消耗。
5. 合理损耗：指在报告期内，全部废钢铁在运输、露天堆放及加工等过程中的自然损耗数量。
6. 调出量：指在报告期内，全部废钢铁、废次材的调出、外销数量。
7. 盘盈、盘亏：指盘点后产生的账、物的差额。
8. 期末库存：指报告期末实有的库存量。
9. 废钢铁统计：指本企业收购、调拨、外销、消耗及库存等所经营、存储的一切废钢废铁及废次材。炼钢生铁不在本表统计范围之内。
10. 本表数值取小数点后两位，余数四舍五入。

## （三十）重点统计单位废钢铁国内采购量月报

表　　号：钢月废 02 表
制定机关：中国钢铁工业协会
组织机构代码□□□□□□□□-□　　批准机关：国家统计局
统一社会信用代码□□□□□□□□□□□□□□□□□□　　批准文号：国统制［2018］72 号
单位详细名称：　　20　年　月　　有效期至：2021 年 5 月

| 采购地点 | 代码 | 计量单位 | 购入数量 | | 采购地点 | 代码 | 计量单位 | 购入数量 | |
|---|---|---|---|---|---|---|---|---|---|
| | | | 本月 | 累计 | | | | 本月 | 累计 |
| 甲 | 乙 | 丙 | 1 | 2 | 甲 | 乙 | 丙 | 1 | 2 |
| 合　计 | 1 | 万吨 | | | 河南省 | 16 | 万吨 | | |
| 京津片 | 2 | 万吨 | | | 湖北省 | 17 | 万吨 | | |
| 上海市 | 3 | 万吨 | | | 湖南省 | 18 | 万吨 | | |
| 河北省 | 4 | 万吨 | | | 广东省 | 19 | 万吨 | | |
| 山西省 | 5 | 万吨 | | | 广　西 | 20 | 万吨 | | |
| 内蒙古 | 6 | 万吨 | | | 云南省 | 21 | 万吨 | | |
| 辽宁省 | 7 | 万吨 | | | 贵州省 | 22 | 万吨 | | |
| 吉林省 | 8 | 万吨 | | | 四川省 | 23 | 万吨 | | |
| 黑龙江 | 9 | 万吨 | | | 西　藏 | 24 | 万吨 | | |
| 江苏省 | 10 | 万吨 | | | 重庆市 | 25 | 万吨 | | |
| 浙江省 | 11 | 万吨 | | | 陕西省 | 26 | 万吨 | | |
| 福建省 | 12 | 万吨 | | | 甘肃省 | 27 | 万吨 | | |
| 安徽省 | 13 | 万吨 | | | 宁　夏 | 28 | 万吨 | | |
| 江西省 | 14 | 万吨 | | | 青海省 | 29 | 万吨 | | |
| 山东省 | 15 | 万吨 | | | 新　疆 | 30 | 万吨 | | |

单位负责人：　　统计负责人：　　填表人：　　报出日期：20　年　月　日

## （三十一）重点统计单位废钢铁价格月报

表　　号：钢月废03表
制定机关：中国钢铁工业协会
批准机关：国家统计局
批准文号：国统制［2018］72号
有效期至：2021年5月

组织机构代码□□□□□□□□-□
统一社会信用代码□□□□□□□□□□□□□□□□□□
单位详细名称：　　　　　20　年　月

| 品　种 | 代码 | 计量单位 | 价格 | 品种 | 代码 | 计量单位 | 价格 |
|---|---|---|---|---|---|---|---|
| 甲 | 乙 | 丙 | 1 | 甲 | 乙 | 丙 | 1 |
| 纯净废钢 | 1 | 元/吨 | | 一级冷压 | 11 | 元/吨 | |
| 精选合格料 | 2 | 元/吨 | | 一级渣钢 | 12 | 元/吨 | |
| 重型合格料（一类） | 3 | 元/吨 | | 铸造废铁 | 13 | 元/吨 | |
| 重型合格料（二类） | 4 | 元/吨 | | 炼钢生铁 | 14 | 元/吨 | |
| 中型合格料（一类） | 5 | 元/吨 | | Ni不锈块 | 15 | 元/吨 | |
| 中型合格料（二类） | 6 | 元/吨 | | Ni不锈屑 | 16 | 元/吨 | |
| 剪切料（一类） | 7 | 元/吨 | | Cr不锈块 | 17 | 元/吨 | |
| 剪切料（二类） | 8 | 元/吨 | | Cr不锈屑 | 18 | 元/吨 | |
| 小型合格料 | 9 | 元/吨 | | 其他合金 | 19 | 元/吨 | |
| 破碎料 | 10 | 元/吨 | | **未经加工废钢** | 20 | 元/吨 | |
| | | | | 重型废钢 | 21 | 元/吨 | |
| | | | | 中型废钢 | 22 | 元/吨 | |
| | | | | 小型废钢 | 23 | 元/吨 | |
| | | | | 统料废钢 | 24 | 元/吨 | |
| | | | | 铸造废件 | 25 | 元/吨 | |

单位负责人：　　　统计负责人：　　　填表人：　　　报出日期：20　年　月　日

说明：

1. 此表报送内容为，本企业上月内采购的废钢铁合格炉料分类均价及炼钢生铁均价。
2. 如果企业采购的废钢铁不是合格炉料，请将平均价格填在“未经加工废钢铁”栏目。
3. 此价格应为含税到厂价的平均值。单位：人民币元/吨（只报整数，小数四舍五入）。

## （三十二）重点统计单位废钢铁加工消耗库存量月报

表　　号：钢月废 04 表
制定机关：中国钢铁工业协会
批准机关：国家统计局
批准文号：国统制［2018］72 号
有效期至：2021 年 5 月

组织机构代码□□□□□□□□－□
统一社会信用代码□□□□□□□□□□□□□□□□□□
单位详细名称：　　　　　　20　年　月

| 品　种 | 代码 | 计量单位 | 采购量 | | 品种 | 代码 | 计量单位 | 加工量 | | 消耗量 | | 库存量 | |
|---|---|---|---|---|---|---|---|---|---|---|---|---|---|
| | | | 本月 | 累计 | | | | 本月 | 累计 | 本月 | 累计 | 加工料 | 采购料 |
| 甲 | 乙 | 丙 | 1 | 2 | 甲 | 乙 | 丙 | 3 | 4 | 5 | 6 | 7 | 8 |
| 合　计 | 1 | 万吨 | | | 合　计 | 13 | 万吨 | | | | | | |
| 重型废钢 | 2 | 万吨 | | | 纯净废钢 | 14 | 万吨 | | | | | | |
| 中型废钢 | 3 | 万吨 | | | 重型合格料 | 15 | 万吨 | | | | | | |
| 小型废钢 | 4 | 万吨 | | | 中型合格料 | 16 | 万吨 | | | | | | |
| 统料废钢 | 5 | 万吨 | | | 小型合格料 | 17 | 万吨 | | | | | | |
| 轻薄废钢 | 6 | 万吨 | | | 破碎料 | 18 | 万吨 | | | | | | |
| 混合废钢 | 7 | 万吨 | | | 压　块 | 19 | 万吨 | | | | | | |
| 渣　钢 | 8 | 万吨 | | | 渣　钢 | 20 | 万吨 | | | | | | |
| 其　他 | 9 | 万吨 | | | 剪切废钢 | 21 | 万吨 | | | | | | |
| 机械生铁 | 10 | 万吨 | | | 机械生铁 | 22 | 万吨 | | | | | | |
| Ni 不锈废钢 | 11 | 万吨 | | | Ni 不锈废钢 | 23 | 万吨 | | | | | | |
| Cr 不锈废钢 | 12 | 万吨 | | | Cr 不锈废钢 | 24 | 万吨 | | | | | | |
| | | | | | 分选量（危险品） | 25 | 万吨 | | | | | | |
| | | | | | 损耗量 | 26 | 万吨 | | | | | | |

单位负责人：　　　填表人：　　　联系电话：　　　填报日期：20　年　月　日

说明：

1. 有废钢铁加工设备，采购社会废钢进行加工用于炼钢的钢铁生产企业填报此表。
2. 每月 10 日～15 日期间将上月的统计数据汇总上报。
3. 分选量：指在收购的废钢中挑选出不可直接加工的密封容器、危险品及爆炸物品等。
4. 损耗量：指废钢加工中产生的损耗，不可回收利用的非金属废物。
5. 此表为合计数量的平衡表，不要求分项、品种的平衡。
   购入料库存＝采购量－加工量－分选危险品－损耗量；
   加工料库存＝加工量－炼钢消耗量。

## （三十三）重点统计单位废钢铁进口情况月报

表　　号：钢月废 05 表
制定机关：中国钢铁工业协会
批准机关：国家统计局
批准文号：国统制［2018］72 号
有效期至：2021 年 5 月

组织机构代码□□□□□□□□ - □
统一社会信用代码□□□□□□□□□□□□□□□□□□
单位详细名称：　　　　20　年　月

| 国别或地区 | 代码 | 计量单位 | 到货日期 | 到货港口 | 粉碎料 | | 1 号重废 | | 2 号废钢 | | 混合废钢 | | 不锈废钢 | | 其他 | | 当月合计 | | 当年累计量 | |
|---|---|---|---|---|---|---|---|---|---|---|---|---|---|---|---|---|---|---|---|---|
| | | | | | 数量 | 金额 | 数量 | 金额 | 数量 | 金额 | 数量 | 金额 | 数量 | 金额 | 数量 | 金额 | 数量 | 金额 | 数量 | 金额 |
| 甲 | 乙 | 丙 | 1 | 2 | 3 | 4 | 5 | 6 | 7 | 8 | 9 | 10 | 11 | 12 | 13 | 14 | 15 | 16 | 17 | 18 |
| 美　国 | 1 | | | | | | | | | | | | | | | | | | | |
| 日　本 | 2 | | | | | | | | | | | | | | | | | | | |
| 中国香港 | 3 | | | | | | | | | | | | | | | | | | | |
| 澳大利亚 | 4 | | | | | | | | | | | | | | | | | | | |
| 英　国 | 5 | | | | | | | | | | | | | | | | | | | |
| 韩　国 | 6 | | | | | | | | | | | | | | | | | | | |
| 哈萨克斯坦 | 7 | | | | | | | | | | | | | | | | | | | |
| 俄罗斯联邦 | 8 | | | | | | | | | | | | | | | | | | | |
| 德国 | 9 | | | | | | | | | | | | | | | | | | | |
| 其他国家地区 | 10 | | | | | | | | | | | | | | | | | | | |
| | | | | | | | | | | | | | | | | | | | | |
| 合计 | 11 | | | | | | | | | | | | | | | | | | | |
| | | | | | | | | | | | | | | | | | | | | |

单位负责人：　　　　填报人：　　　　电话：　　　　填报日期：20　年　月　日

说明：

1. 报表填报单位为直接进口废钢的钢铁企业、废钢加工配送企业及进口废钢的贸易公司企业。
2. 填报内容为上月进口废钢到货情况，按到货时间、港口、品种、数量、金额分别填报。
3. 注意本表进口废钢单位：吨；金额：人民币元（只填整数，小数四舍五入）。

## （三十四）重点统计单位固定资产投资完成情况月报

表　　号：钢投 01 表
制定机关：中国钢铁工业协会
批准机关：国家统计局
批准文号：国统制［2018］72 号
有效期至：2021 年 5 月

组织机构代码□□□□□□□□－□
统一社会信用代码□□□□□□□□□□□□□□□□□□
单位详细名称：　　　　　　　　20　年　月

一、项目基本情况

<table>
<tr><td>01</td><td>项目代码</td><td colspan="5">□□□□□□□□□□－□□□□□□－□□□</td></tr>
<tr><td>02</td><td>项目名称</td><td colspan="5">□□□－□□□□□□－□□－□□□□□□□□</td></tr>
<tr><td>13</td><td>投资项目在线审批监管平台统一代码</td><td colspan="5">□□□－□□□□□□－□□－□□□□□□□□</td></tr>
<tr><td>104</td><td>报表类别</td><td colspan="5">报表类别 □<br>A 农业　B 规模以上工业　B1 规模以下工业　C 建筑业　E 批发和零售业<br>S 住宿和餐饮业　X 房地产开发经营业　F 规模以上服务业　H 投资　U 其他</td></tr>
<tr><td>204</td><td colspan="6">登 记 注 册 类 型　□□□<br>内资　　171 私营独资　　外商投资<br>110 国有　　172 私营合伙　　310 中外合资经营<br>120 集体　　173 私营有限责任公司　　320 中外合作经营<br>130 股份合作　　174 私营股份有限公司　　330 外资企业<br>141 国有联营　　190 其他　　340 外商投资股份有限公司<br>142 集体联营　　港澳台商投资　　390 其他外商投资<br>143 国有与集体联营　　210 与港澳台商合资经营　　个体经营<br>149 其他联营　　220 与港澳台商合作经营　　410 个体户<br>151 国有独资公司　　230 港澳台商独资　　420 个人合伙<br>159 其他有限责任公司　　240 港澳台商投资股份有限公司<br>160 股份有限公司　　290 其他港澳台商投资</td></tr>
<tr><td>03</td><td>项目建设所在地及区划</td><td colspan="5">________省（自治区、直辖市）________地（市、州、盟）________县（区、市、旗）<br>乡（镇）__________街（村）、门牌号<br>区划代码□□□□□□□□□□□□</td></tr>
<tr><td>04</td><td>联系电话</td><td>□□□□□□□□－□□□□□</td><td>05</td><td>项目行业编码</td><td colspan="2">□□□□</td></tr>
<tr><td>06</td><td colspan="6">控股情况　□　1 国有控股　2 集体控股　3 私人控股　4 港澳台商控股　5 外商控股　9 其他</td></tr>
<tr><td>07</td><td colspan="6">隶属关系　□□<br>10 中央　20 省（自治区、直辖市）　40 地（区、市州、盟）　50 县（区、市、旗）　90 其他</td></tr>
<tr><td>08</td><td>建 设 性 质</td><td colspan="5">□　1 新建　2 扩建　3 改建和技术改造　4 单纯建造生活设施　5 迁建<br>6 恢复　7 单纯购置</td></tr>
<tr><td>09</td><td>项目类别</td><td>1 工业企业技术改造项目<br>2 棚户区改造项目<br>3 涉农项目</td><td>10</td><td>项目开工时间</td><td colspan="2">□□□□年□□月</td></tr>
<tr><td>11</td><td>本年全部投产时间</td><td>□□□□年□□月</td><td>12</td><td>期末项目建设状态</td><td colspan="2">□　1 在建　2 全部投产<br>3 全部停缓建</td></tr>
</table>

续表

二、项目投资情况

| 固定资产投资额 | 计量单位 | 代码 | 1－本月 | 去年同期 | 固定资产投资额 | 计量单位 | 代码 | 1－本月 | 去年同期 |
|---|---|---|---|---|---|---|---|---|---|
| 甲 | 乙 | 丙 | 1 | 2 | 甲 | 乙 | 丙 | 1 | 2 |
| 计划总投资 | 万元 | 101 | | | 连铸 | 万元 | 148 | | |
| 其中：本年新开工项目 | 万元 | 119 | | | 轧材 | 万元 | 150 | | |
| 自开始建设累计完成投资 | 万元 | 103 | | | 铁合金 | 万元 | 151 | | |
| 自年初累计完成投资 | 万元 | 107 | | | 焦化 | 万元 | 152 | | |
| 其中：本月完成投资 | 万元 | 140 | | | 耐火 | 万元 | 153 | | |
| 其中：住宅 | 万元 | 141 | | | 炭素 | 万元 | 154 | | |
| 其中：经济适用房 | 万元 | 118 | | | 金属制品 | 万元 | 155 | | |
| 按构成分： | 万元 | 137 | | | 本年新增固定资产 | 万元 | 128 | | |
| 建筑工程 | — | — | | | 按投资主要用途分： | — | — | | |
| 安装工程 | 万元 | 108 | | | 增加产能 | 万元 | 161 | | |
| 设备工器具购置 | 万元 | 109 | | | 增加新产品 | 万元 | 162 | | |
| 其中：购置旧设备 | 万元 | 110 | | | 改进工艺 | 万元 | 163 | | |
| 其中：用于更新的设备 | 万元 | 111 | | | 节约能源（材料） | 万元 | 164 | | |
| 其他费用 | 万元 | 129 | | | 提高产品质量 | 万元 | 165 | | |
| 其中：旧建筑物购置费 | 万元 | 112 | | | 保护环境 | 万元 | 166 | | |
| 其中：建设用地费 | 万元 | 113 | | | 其他 | 万元 | 167 | | |
| 按投资方向分： | — | — | | | 本年施工房屋面积 | 米$^2$ | 130 | | |
| 铁矿采选 | 万元 | 142 | | | 其中：住宅 | 米$^2$ | 131 | | |
| 烧结 | 万元 | 143 | | | 其中：经济适用房 | 米$^2$ | 138 | | |
| 球团 | 万元 | 144 | | | 本年房屋竣工面积 | 米$^2$ | 132 | | |
| 炼铁 | 万元 | 145 | | | 其中：住宅 | 米$^2$ | 133 | | |
| 炼钢 | 万元 | 146 | | | 其中：经济适用房 | 米$^2$ | 139 | | |
| 其中：转炉 | 万元 | 147 | | | 本年房屋竣工价值 | 万元 | 134 | | |
| 电炉 | 万元 | 148 | | | 其中：经济适用房 | 万元 | 135 | | |
| | | | | | 施工项目个数 | 个 | 201 | | |
| | | | | | 其中：本年新开工 | 个 | 202 | | |
| | | | | | 本年投产项目个数 | 个 | 203 | | |

续表

| 固定资产投资资金来源 | 代码 | 计量单位 | 本月 | 去年同期 |
|---|---|---|---|---|
| 甲 | 丙 | 乙 | 1 | 2 |
| 一、本年实际到位资金 | | | | |
| 1. 上年末结余资金 | 302 | 万元 | | |
| 2. 本年实际到位资金 | 303 | 万元 | | |
| （1）国家预算内资金 | 304 | 万元 | | |
| （2）国内贷款 | 305 | 万元 | | |
| （3）债券 | 306 | 万元 | | |
| （4）利用外资 | 307 | 万元 | | |
| （5）自筹资金 | 311 | 万元 | | |
| （6）其他资金来源 | 318 | 万元 | | |
| 二、各项应付款合计 | 320 | 万元 | | |
| 其中：工程款 | 321 | 万元 | | |

单位负责人：　　　　统计负责人：　　　　填表人：　　　　报出日期：20　年　月　日

说明：

1. 本表填报单位是项目或企业。
2. 统计范围是各种登记注册类型计划总投资500万元以上的城镇固定资产投资项目和农村非农户固定资产投资项目，不含国防、军工项目。
3. 本表除计划指标和“自开始建设累计完成投资”、“其中：本月完成投资”外，均为自年初累计数。
4. “去年同期累计完成投资”中的“去年同期”指去年年初到去年同月这一时段内。
5. 本报表将随国家统计局相关报表变动作相应调整。

# 四、主要指标解释

## （一）企业基本情况

**单位详细名称** 指经有关部门批准正式使用的单位全称。

企业的详细名称按工商部门登记的名称填写；行政、事业单位的详细名称按编制部门登记、批准的名称填写；社会团体、民办非企业单位和基层群众自治组织的详细名称按民政部门登记、批准的名称填写。填写时要求使用规范化汉字全称，与单位公章所使用的名称完全一致。

凡经登记主管机关核准或批准，具有两个或两个以上名称的单位，要求填写一个法人单位名称，同时用括号注明其余的单位名称。

**单位详细地址** 要求写明单位所在的省（自治区、直辖市）、地（区、市、州、盟）、县（区、市、旗）、乡（镇）以及具体街（村）的名称和详细的门牌号码，不能填写通讯号码或通讯信箱号码。

**企业登记注册类型**

企业或生产经营性单位的登记注册类型，按其在工商行政管理机关登记注册的类型填写。如企业登记注册类型发生变化，但未及时到工商部门变更登记，企业应根据变化后的实际情况填写。

工商行政管理部门对企业（单位）登记注册的类型分为以下各种：

**国有企业** 指企业全部资产归国家所有，并按《中华人民共和国企业法人登记管理条例》规定登记注册的非公司制的经济组织。不包括有限责任公司中的国有独资公司。

**集体企业** 指企业资产归集体所有，并按《中华人民共和国企业法人登记管理条例》规定登记注册的经济组织。

**股份合作企业** 指以合作制为基础，由企业职工共同出资入股，吸收一定比例的社会资产投资组建，实行自主经营，自负盈亏，共同劳动，民主管理，按劳分配与按股分红相结合的一种集体经济组织。

**联营企业** 两个及两个以上相同或不同所有制性质的企业法人或事业单位法人，按自愿、平等、互利的原则，共同投资组成的经济组织称为联营企业。联营企业包括国有联营企业、集体联营企业、国有与集体联营企业和其他联营企业。

**国有联营企业** 指所有联营单位均为国有。

**集体联营企业** 指所有联营单位均为集体。

**国有与集体联营企业** 指联营单位既有国有也有集体。

**其他联营企业** 指上述三种联营企业之外的其他联营形式的企业。

**有限责任公司** 指根据《中华人民共和国公司登记管理条例》规定登记注册，由两个以上，五十个以下的股东共同出资，每个股东以其所认缴的出资额对公司承担有限责任，公司以其全部资产对其债务承担责任的经济组织。有限责任公司包括国有独资公司、其他有限责任公司。

**国有独资公司**　指国家授权的投资机构或者国家授权的部门单独投资设立的有限责任公司。

**其他有限责任公司**　指国有独资公司以外的其他有限责任公司。

**股份有限公司**　指根据《中华人民共和国公司登记管理条例》规定登记注册，其全部注册资本由等额股份构成并通过发行股票筹集资本，股东以其认购的股份对公司承担有限责任，公司以其全部资产对其债务承担责任的经济组织。

**私营企业**　指由自然人投资设立或由自然人控股，以雇佣劳动为基础的营利性经济组织。包括按照《公司法》、《合伙企业法》、《私营企业暂行条例》规定登记注册的私营独资企业、私营合伙企业、私营有限责任公司、私营股份有限公司和个人独资企业。

**私营独资企业**　指按《私营企业暂行条例》的规定，由一名自然人投资经营，以雇佣劳动为基础，投资者对企业债务承担无限责任的企业。

个人独资企业指按《个人独资企业法》、《个人独资企业登记管理办法》的规定，由一个自然人投资，财产为投资人个人所有，投资人以其个人财产对企业债务承担无限责任的经营实体。个人独资企业填表时归入私营独资企业。

**私营合伙企业**　指按《合伙企业法》或《私营企业暂行条例》的规定，由两个以上自然人按照协议共同投资、共同经营、共负盈亏，以雇佣劳动为基础，对债务承担无限责任的企业。

**私营有限责任公司**　指按《公司法》、《私营企业暂行条例》的规定，由两个以上自然人投资或由单个自然人控股的有限责任公司。

**私营股份有限公司**　指按《公司法》的规定，由五个以上自然人投资，或由单个自然人控股的股份有限公司。

**其他**　指上述类型之外的其他内资经济组织。

**与港澳台商合资经营企业**　指港澳台地区投资者与内地的企业依照《中华人民共和国中外合资经营企业法》及有关法律的规定，按合同规定的比例投资设立，分享利润和分担风险的企业。

**与港澳台商合作经营企业**　指港澳台地区投资者与内地企业依照《中华人民共和国中外合作经营企业法》及有关法律的规定，依照合作合同的约定进行投资或提供条件设立，分配利润、分担风险和亏损的企业。

**港澳台商独资经营企业**　指依照《中华人民共和国外资企业法》及有关法律的规定，在内地设立的由港澳台地区投资者在内地全额投资设立的企业。

**港澳台商投资股份有限公司**　指根据国家有关规定，经商务部（原外经贸部）批准设立，并且其中港、澳、台商的股本占公司注册资本的比例达25%以上的股份有限公司。凡其中港、澳、台商的股本占公司注册资本的比例小于25%的，属于内资中的股份有限公司。

**中外合资经营企业**　指外国企业或外国人与中国内地企业依照《中华人民共和国中外合资经营企业法》及有关法律的规定，按合同规定的比例投资设立，分享利润和分担风险的企业。

**中外合作经营企业**　指外国企业或外国人与中国内地企业依照《中华人民共和国中外

合作经营企业法》及有关法律的规定，依照合作合同的约定进行投资或提供条件设立，分配利润、分担风险和亏损的企业。

**外资企业** 指依照《中华人民共和国外资企业法》及有关法律的规定，在中国内地设立的由外国投资者全额投资设立的企业。

**外商投资股份有限公司** 指根据国家有关规定，经商务部（原外经贸部）批准设立，并且其中外资的股本占公司注册资本的比例达25%以上的股份有限公司。凡其中外资股本占公司注册资本的比例小于25%的，属于内资中的股份有限公司。

**专职统计人员** 指受聘在统计岗位的人员，或者虽然未受聘在统计岗位但主要责任为承担统计工作的人员。

**兼职统计人员** 受聘在非统计岗位，有明确的非统计岗位责任，但同时也承担部分统计工作的人员。

## （二）主要指标完成情况

**息税后资产收益率（%）**

$$\text{息税后资产收益率} = \frac{\text{利润总额}}{\text{资产总额}} \times \frac{12}{\text{累计月数}} \times 100\%$$

**出口创汇率（%）**

$$\text{出口创汇率} = \frac{\text{报告期出口交货值}}{\text{报告期工业销售产值}} \times 100\%$$

## （三）工业总产值及主要产品生产量、销售量、库存量表

**工业总产值（当年价格）** 指工业企业在本年内生产的以货币形式表现的工业最终产品和提供工业劳务活动的总价值量。

1. 工业总产值计算应遵循的原则

（1）工业生产的原则。即凡是企业在本年内生产的最终产品和提供的劳务，均应包括在内。其中的最终产品，不管是否在本年内销售，只要是本年内生产的，就应包括在内。凡不是工业生产的产品，均不得计入工业总产值。

（2）最终产品的原则。即企业生产的成品价值必须是本企业生产的，经检验合格不需再进行任何加工的最终产品。企业对外销售的半成品也应视为最终产品计入工业总产值。而在本企业内各车间转移的半成品和在制品只能计算其期末期初差额价值。

（3）“工厂法”原则。即以法人工业企业作为一个整体计算工业总产值，是其本年内生产的最终产品和提供劳务的总价值量。

2. 工业总产值的内容

包括三部分：生产的成品价值、对外加工费收入、自制半成品在制品期末期初差额价值。

（1）成品价值：指企业在本年内生产，并在本年内不再进行加工，经检验合格、包装入库的已经销售和准备销售的全部工业成品（包括半成品）价值合计。成品价值中包括企业生产的自制设备及提供给本企业在建工程、其他非工业部门和生活福利部门等单位使用

的成品价值，但不包括用订货者来料加工的成品（半成品）价值。

工业总产值是按现行价格计算的。成品价值按成品实物量乘以本年不含应交增值税（销项税额）的产品实际销售平均单价计算。会计核算中按成本价格转账的自制设备和自产自用的成品，按成本价格计算生产成品价值。

（2）对外加工费收入：指企业在报告期内完成的对外承做的工业品加工（包括用订货者来料加工生产）的加工费收入和对外工业品修理作业所收取的加工费收入和对内非工业部门提供的加工修理、设备安装等收入。对外加工费收入按不含应交增值税（销项税额）的价格计算。

对于以对外加工生产为主，对外加工费收入所占比重较大的企业，如果对外加工费收入出现跨年度支付的情况，为保证总产值生产口径计算的准确性，则应将对外加工费收入按实际情况调整，记录本年应实际收取的对外加工费收入。

（3）自制半成品在制品期末期初差额价值。为了使工业总产值与工业中间投入中的物耗价值一致，以便同口径地计算工业增加值，规定本指标的计算原则是：凡是企业会计产品成本核算中计算半成品、在制品成本，则工业总产值中必须包括自制半成品在制品期末期初差额价值。反之则不包括。

自制半成品在制品期末期初差额价值等于自制半成品在制品期末价值减去期初价值后的余额，如果期末价值小于期初价值，该指标为负值，企业在计算产值时，应按负值计算，不能作为零处理。

3. 工业总产值计算的几种具体规定

（1）凡自备原材料（包括自备零部件）生产，不论其加工繁简程度如何，一律按全价，即包括自备原材料的价值，计算工业总产值。

（2）凡来料加工，加工企业只收取加工费，则加工企业一律按财务上结算的加工费计算工业总产值，即不包括订货者来料的价值。一般分两种情况：①工业企业之间的来料加工，加工企业（即承包单位）按财务上结算的加工费计算工业总产值；委托加工的企业（即发包单位）按全价计算工业总产值。②工业企业与非工业企业之间的来料加工，当工业企业作为加工企业时一律按加工费计算工业总产值。

（3）自制半成品、在制品期末期初差额价值，原则上应计入工业总产值，但如果会计产品成本核算中不计算自制半成品、在制品成本，则不计入工业总产值；如果会计产品成本核算中计算自制半成品、在制品成本的，则计入工业总产值。

区分来料加工与自备原材料生产的依据是加工企业与委托加工企业间的财务结算关系。如果委托企业提供原材料而不与加工企业结算，加工企业收取加工费，产品返回委托企业销售，则这种模式是来料加工；如果委托加工企业提供的原材料与加工企业是结算的，制成品由加工企业返给委托企业也是结算的，则这种模式是自备原材料生产。

**产品产量计算** 钢铁工业产品品种繁多，生产环节多，生产工艺复杂。为了保证产量数据的准确可靠，在计算钢铁工业产品产量时，必须遵循以下基本原则：

（1）质量原则。一切产品的内在质量和外观质量必须符合规定的质量标准或订货合同规定的技术要求，经企业质量管理部门判定合格的，方可计算产量。个别专业有特殊规定者除外。

工业产品的质量标准一律按国家标准、行业标准、企业标准或订货合同规定的技术标准或技术要求执行，不得擅自更改或降低标准。

(2) 时限和入库原则。报告期产品产量，一般应为截至报告期最后一天 24 时以前的最后一班止，经检验合格、办理入库手续（包括就地入库）的产品数量。规定要求包装的产品，必须包装好并办理入库手续才能计算产品产量。

报告期时限（即最后一天 24 时以前的最后一班），是指检验入库的时点，不是产品生产的时点。如企业因特殊情况（如交通不便的矿山企业），对检验入库的截止时间需提前时，可按企业制订的相应规定执行，但不能随意变更。

有的企业实行本工序（厂、车间）的产品由下工序（厂、车间）验收签证承认的数量作为本工序（厂、车间）的合格产量，也是符合入库原则的。

(3) 目录原则。钢铁工业产品生产企业必须严格按照《中国钢铁工业生产统计指标体系—指标目录》（以下简称《目录》）规定的产品名称、产品分组、排列顺序、计量单位、统计口径等，填报钢铁工业各专业统计报表和完成各种统计上报任务。其他工业产品按各级政府综合统计部门规定的产品目录填报。

凡列入《目录》内的产品，不论是本企业的主要产品或次要产品、成批生产或少量生产，均应填报。凡是《目录》中规定需要折标、折纯计算产量的，必须按折标、折纯计算产品产量。

(4) 度量原则。钢铁工业产品产量应按实际度量的数量计算，如实际重量、长度、体积、个数、件数等。计量方法、计量单位必须严格按照国家法定的计量方法和计量单位执行。

某企业由于缺少计量设备而进行测算时，应科学确定测算样品和测算方法，尽可能使测算数据接近实际，并定期检查测算的准确性。某些产品因工艺原因无法实际度量的，如连铸连轧生产工艺的连铸坯产量数，可按理论数量计算。

(5) 权属原则。企业填报产量的产品，必须是所有权归属于本企业、本企业有权销售和处置的。因此，凡不属于本企业的产品，如境内订货者来料加工产品，不能统计为本企业的产品产量，应单独填报；委外加工产品，虽不是本企业加工生产，但所有权归属于本企业，本企业有权销售和处置，应统计为本企业的产品产量；境外订货者来料加工的产品，虽所有权不属于本企业，但按国家统计局的统一规定，也应统计为本企业产品产量。

(6) 不重复原则。企业（单位）计算产品产量时，应消除本企业（单位）范围内小工序之间中间产品相互供料造成的内部重复计算。

**本年销售量** 指本年内工业企业实际销售的由本企业生产（包括上年生产和本年生产）的符合规定的质量标准或订货合同规定的技术条件的工业产品的实物数量。凡用订货者来料加工生产的产品，并且加工企业只收取加工费的，如果订货者是境外企业，其产品销售量由加工企业（即承包企业）统计；如果订货者是境内企业，产品销售量由委托企业（即发包企业）统计，加工企业不统计。

区分来料加工与自备原材料生产的依据同工业总产值中的规定。

(1) 产品销售量的核算原则：产品销售量以产品销售实现为核算原则，即在产品已发出，货款已经收到或者得到了收取货款的凭据时作为销售实现，统计产品销售量。按照企业销售方式的不同，产品销售量统计遵从以下几种规定：

① 采用送货制销售的，产品如由本企业运输部门发运，以产品出库单上的数量、日

期为准；如委托专业运输部门发运，则以运输部门的承运单上的数量、日期为准。

② 采用提货制销售的，以给用户开具的发票和提货单上的数量、日期为准。

③ 委托其他单位代销的产品，以企业收到代销单位的代销清单为准。

④ 采用预收货款销售的，在发出产品时作为销售。产品尚未生产出来，已预收货款或预开提货单的，不应算作销售。

⑤ 企业出口销售的产品，陆运以取得承运货物收据或铁路运单，海运以取得出口装船提单，空运以取得空运运单，并向银行办理出口交单的数量、日期为准。企业自营出口的产品，在委托外贸部门代理出口（实行代理制）的情况下，以收到外贸部门代办的运单和银行交单凭证的数量、日期为准。

（2）统计产品销售量应注意以下几点：

① 只有企业销售的合格产品才能统计其销售量，销售的次品不能计入产品销售量。

② 企业直接从外购进产成品，只是更换了标签或包装的，不能作为销售量统计。

③ 分清产品销售和预售的界限：预售指产品还没有生产出来以前，用户为了购买这种产品事先向工厂支付货款。预售不能算作销售。相反，有些产品采用了分期付款的形式，只要是用户拿到了这个商品，不管货款是否已付清，作为企业已经取得了收取货款的凭证就应作为销售。

（3）售出产品退货的处理遵从以下规定：

① 退回本年内销售的合格品，应从本年销售量中扣除，同时计入库存量；退回本年内销售的不合格品，要在本年销售量中扣除，还要同时扣除本年生产量。

② 退回本年以前售出的合格品，本年销售量不变，计入产品库存量中；退回本年以前售出的不合格品，本年销售量和本年生产量均不变。

③ 退回修理的产品，修理后仍交原用户的，不作为退货处理，在统计报表上不做反映。

**本年销售额**　指产品的销售额，即企业在报告期内按各种价格销售同一种产品所得到的销售总金额，与销售量的口径是一致的，凡是计算了销售量的产品都应该计算其销售额。这里需要注意两点：第一，产品销售额是按不含增值税（销项税额）的价格计算的，这是为了与现行财税制度对财务会计核算的要求和规定保持一致；第二，用订货者来料加工生产的成品（半成品）的销售额按加工费计算。

**本企业自用量及其他**　本指标包括企业自用量和其他两部分。

企业自用量又称企业自产自用量，指工业企业在报告期内生产的、已作本企业产量统计的、又作为本企业生产另一种产品的原材料使用的产品的数量。如钢铁企业用本企业生产的生铁炼钢，其计算了生铁产量又用于炼钢的生铁数量，应作为企业自用量统计。但是，由本企业验收合格后，作为商品出售给本企业生活用、在建工程用或行政部门用的产品数量，不能作为自用量统计，而作为销售量统计。如钢铁企业将本企业生产的钢材用于本企业房屋维修的数量，应作为销售量而不是自用量统计。

其他是指工业企业在报告期内将产品用于展览、捐赠、借出以及报废等方面的产品数量和盘盈盘亏的数量。企业以促销手段搭售的产品不能视为捐赠，而应作为销售对待。

**产品库存量**　指在某一时点上，尚存在企业产成品仓库中暂未售出的产品的实物数量。

（1）产品库存量统计分年初库存量和年末库存量。

① 年初库存量指在年初这一时间点上，产品的库存数量。

② 年末库存量指在年末这一时间点上，产品的库存数量。

（2）在核算产品库存量时要遵循以下原则：

① 产品库存必须是处于“实际库存”状态的产品。有的产品虽已结束了生产过程，但还没有验收合格，还没有办理入库手续，不能作为产品库存统计。有的产品已经售出，但按提货制要求还没有办妥货款结算手续的，按送货制要求未办理承运手续的，仍应作为本企业的产品库存量统计，而不能作为产品销售量统计。

② 计入产品库存量的产品，必须是本企业有权销售的产品，对于已经销售并已办妥各项手续，但尚未提货的产品，本企业无权支配，这种产品虽然仍存在本企业仓库中，但不应统计为库存量。凡企业有权销售的产品，不论存放在什么地方，均应统计。

③ 产品库存不能出现负数，如果产品还没有入库就已售出，应将售出的这部分产品补填入库和出库凭证，并相应计入产品产量中。

（3）产品库存量包括以下几个部分：

① 本企业生产的，报告期内经检验合格入库的产品。

② 库存产品虽有销售对象，但尚未发货的。

③ 非工业企业和境外订货者来料加工产品尚未拨出的。

④ 盘点中的账外产品。

⑤ 产品入库后发现有质量问题，但未办理退库手续的产品。

（4）产品库存量不包括以下几个部分：

① 属于提货制销售的产品，已办理货款结算和开出提货单，但用户尚未提走的产品。

② 代外单位保管的产品。

### （四）财务统计指标解释

**流动资产合计** 指企业可以在一年内或者超过一年的一个生产周期内变现或者耗用的资产，包括现金及各种存款、短期投资、应收及预付款项、存货等。根据会计“资产负债表”中“流动资产合计”项的期末数填列。

**固定资产合计** 指企业使用期限超过一年的房屋、建筑物、机器、机械、运输工具以及其他与生产、经营有关的设备、器具、工具等。不属于生产经营主要设备的物品，单位价值在2000元以上，并且使用年限超过2年的，也应当作为固定资产。“固定资产合计”根据会计“资产负债表”中“固定资产合计”项的期末数填列。

**固定资产原价** 指企业在购置、自行建造、安装、改建、扩建、技术改造某项固定资产时所支出的全部支出总额。根据会计“资产负债表”中“固定资产原价”项目的期末数填列。执行2006年《企业会计准则》的企业，根据“资产负债表附表”中的“固定资产原价”项目的期末数填列。

**累计折旧** 指对固定资产由于磨损和损耗而转移到产品中去的那一部分价值的补偿。一般根据固定资产原价（选用双倍余额递减法计提折旧的企业，为固定资产账面净值）和确定的折旧率计算。“累计折旧”：指企业在报告期末提取的历年固定资产折旧累计数。根据会计“资产负债表”中“累计折旧”项的年末数填列。“本年折旧”：指企业在报告期内提取的固定资产折旧合计数。根据会计核算中《资产减值准备、投资及固定资产情况表》内"当年计提的固定资产折旧总额"项本年增加数填列。

**资产总计**　指企业拥有或控制的能以货币计量的经济资源，包括各种财产、债权和其他权利。资产按其流动性（即资产的变现能力和支付能力）划分为：流动资产、长期投资、固定资产、无形资产、递延资产和其他资产。根据会计"资产负债表"中"资产总计"项的期末数填列。

**流动负债合计**　指企业在一年内或超过一年的一个营业周期内需要偿还的债务，包括短期借款、应付票据、应付账款、预收账款、应付工资、应交税金、应付利润、预提费用等。根据企业会计"资产负债表"中"流动负债合计"的期末数填报。

**负债合计**　指企业所承担的能以货币计量，将以资产或劳务偿付的债务，偿还形式包括货币、资产或提供劳务。负债一般按偿还期长短分为流动负债和长期负债。根据会计"资产负债表"中"负债合计"的期末数填列。

**所有者权益合计**　所有者权益是指所有者在企业资产中享有的经济利益，它等于企业资产减去负债后的余额。包括实收资本（或股本）、资本公积、盈余公积和未分配利润等。根据"资产负债表"中的"所有者权益合计"项填列。

**实收资本**　指投资者按照企业章程，或合同、协议的约定，实际投入企业的资本。企业实收资本按照投资主体划分为国家资本、集体资本、法人资本、个人资本、港澳台资本和外商资本六种。根据"资产负债表"中的"实收资本"项填列。实收资本中如有以外币形式投入的资本，需折合成人民币形式填写。

**国家资本**　指有权代表国家投资的政府部门或机构以国有资产投入企业形成的资本。不论企业的资本是哪个政府部门或机构投入的，只要是以国家资金进行投资的，均作为国家资本。根据会计"实收资本"科目期末余额分析填列。

**集体资本**　指劳动群众集体所有的资产实际投入企业形成的资本。根据会计"实收资本"科目期末余额分析填列。

**法人资本**　指我国具有法人资格的单位以其依法可以支配的资产投入企业形成的资本。可根据会计"实收资本"科目期末余额分析填列。

**个人资本**　指我国公民以其合法财产投入企业形成的资本。根据会计"实收资本"科目期末余额分析填列。

**港澳台资本**　指我国香港、澳门和台湾地区投资者将所有的资产实际投入企业形成的资本。根据会计"实收资本"科目期末余额分析填列。

**外商资本**　指外国投资者（不包括我国香港、澳门和台湾地区投资者）将所有的资产实际投入企业形成的资本。根据会计"实收资本"科目期末余额分析填列。

**主营业务收入**　指企业经营主要业务所取得的收入总额。此项目应根据相关行业的"产品销售收入"、"商品销售收入"、"主营业务收入"、"营业收入"、"经营收入"、"工程结算收入"等科目发生额填列。执行 2006 年《企业会计准则》的企业，如果未设置该科目，则以营业收入发生额代替填列。

**主营业务成本**　指企业经营主要业务发生的实际成本。根据会计"利润表"中对应指标计算填列。执行 2006 年《企业会计准则》的企业，如果未设置该科目，则以营业成本发生额代替填列。

**税金及附加** 指企业经营主要业务应负担的营业税、消费税、城市维护建设税、资源税、土地增值税、教育费附加。根据会计“利润表”中对应指标“本年累计数”填列。执行2006年《企业会计准则》的企业，如未设置该项以税金及附加代替填列。

**其他业务利润** 指企业经营除主要业务以外的其他业务实现的利润。根据会计“利润表”中对应指标的本年累计数填列。执行2006年《企业会计准则》的企业，如果未设置该科目，则在此处填0。

**营业费用** 指企业在销售商品过程中发生的各项费用，根据“利润表”中对应项目的“本年累计数”填列。

**管理费用** 指企业行政管理部门和企业的董事会为组织和管理企业生产经营活动而发生的各项费用，根据“利润表”中“管理费用”项的“本年累计数”填列。

**财务费用** 指企业为筹集生产经营所需资金等发生的费用，包括利息净支出、汇兑净损失（已减汇兑收益），以及相关的手续费等，根据会计“利润表”中“财务费用”项的“本年累计数”填列。

**营业利润** 指企业从事生产经营活动所取得的利润，即主营业务收入减主营业务成本和主营业务税金及附加，加上其他业务利润，减去营业费用、管理费用、财务费用后的金额。本指标根据会计“利润表”中对应指标的“本年累计数”填列。执行2006年《企业会计准则》的企业，同样根据会计“利润表”中对应指标的“本年累计数”直接填列。

**营业外收入** 根据企业会计“利润表”中“营业外收入”项的本年累计数填列。

**营业外支出** 根据企业会计“利润表”中“营业外支出”项的本年累计数填列。

**利润总额** 指企业在生产经营过程中各种收入扣除各种耗费后的盈余，反映企业在报告期内实现的亏盈总额，包括营业利润和营业外收支净额。根据会计“利润表”中的对应指标的本期累计数填列。

**所得税费用** 指企业按税法规定，应从生产经营等活动的所得中交纳的税金。根据会计“利润表”中的对应指标的本期累计数填列。

**应交增值税** 指企业按税法规定，从事货物销售或提供加工、修理修配劳务等增加货物价值的活动本期应交纳的税金。指企业在报告期应交增值税额。计算公式为：

本年应交增值税 = 销项税额 -（进项税额 - 进项税额转出）-
出口抵减内销产品应纳税额 - 减免税款 + 出口退税

根据企业会计“应交增值税明细表”计算填列。

## （五）生产能力统计指标

**生产能力** 一般指产品的综合生产能力，但也有些产品指其主要设备的能力。在填报时分为两种情况：

（1）产品年末生产能力：指在一个企业范围内生产某种产品的综合平衡能力，是生产某种产品的全部设备（包括主要生产设备、辅助生产设备、起重运输设备、动力设备及有关的厂房和生产用建筑物等）在原材料、燃料动力供应充分，劳动力配备合理，设备正常运转的条件下，可能达到的年生产量。企业在具体填报时，可以区分以下三种情况：第一种是原有设计能力未经重大技术改造的用设计能力填报；经过技术改造后，有技术改造后设计能力的，填报技术改造后的设计能力。第二种是原有设计能力已不能反映实际情况，有核定能力的，按核定能力填报。第三种是既没有设计能力也没有核定能力，或原设计能力（或核定能力）已与实际生产水平相差很大，按查定能力填报。

（2）设备能力：指某种设备的单位时间内可能生产的产品数量，也就是说，某种设备在单位时间内的工作量，即一般所称的设备效率，或设备生产率，它不考虑与其他设备的平衡问题。

**钢材生产能力**　钢材生产能力是指一条完整的钢材产品生产线（或车间、分厂）的综合生产能力。一条完整的钢材产品生产线是指已完成本企业内最后的钢加工生产过程的生产线。企业综合的钢材生产能力是指企业内部各个完整的钢材生产线能力的合计。钢材生产能力还应按热轧钢材、冷轧钢材、锻压钢材和挤压（液压）钢材等分别计算小工序的生产能力。

钢材分品种生产能力的计算要根据具体情况来确定。一条生产线只生产一个钢材品种的，则该生产线的能力就是该钢材品种的生产能力；一条生产线只生产一个钢材品种，但因规格不同而影响钢材轧制能力的，则按能够代表该生产线主要品种规格的能力计算；一条生产线生产多个品种的，应根据生产线设计的品种能力分摊，各个品种能力之和不应大于该生产线的总能力。

## （六）能源品种指标

**原煤**　指煤矿生产的经过验收符合质量标准的原煤。原煤分为无烟煤、烟煤、褐煤，在烟煤中又分为炼焦烟煤和一般烟煤两种。原煤不包括石煤、泥煤（泥炭）和伴随原煤生产过程而采出的煤矸石。

**洗精煤**　指原煤经洗选加工后，灰分较低、热值较高的用于炼焦的洗选煤产品，一般为炼焦选煤厂洗选产出。用于炼焦的洗精煤灰分较低，一般不超过 12.5%。

**其他洗煤**　指除用于炼焦的洗精煤以外的其他洗选煤产品。

**焦炭**　指将各种经过洗选的煤炭按照一定比例配合后，在隔绝空气的高温碳化室内经过热解、缩聚、固化、收缩等复杂的物理化学过程形成的固体燃料，呈黑灰色块状、有光泽、燃烧时烟气少、具有不黏结、不结块、低硫、低灰、坚硬、耐磨、耐压、富于气孔性等特点，主要用于冶金、化工、铸造等工艺的燃料和原料。它包括各种生产方式生产的焦炭即包括机械化焦炉、简易焦炉、土焦炉、煤气发生炉等装置生产的所有焦炭和半焦炭。

**其他焦化产品**　指除焦炭、焦炉煤气以外的其他焦化产品，是炼焦的副产品，如煤焦油、粗苯等。焦化产品很多，目录中只列出了焦炭、焦炉煤气这两个品种，统计时为了简化，把除这两个品种以外的其他焦化产品归并在“其他焦化产品”一个目录下一起填报。

**焦炉煤气**　指炼焦过程中，煤炭经高温干馏后，在产生焦炭和其他焦化产品的同时产生的可燃性气体，是炼焦产品的副产品。一吨煤在炼焦过程中可产生 730～780 千克焦炭和 300～340 米$^3$ 焦炉煤气以及 35～42 千克焦油。焦炉煤气热值高、燃烧快、火焰短、生成废气密度小；主要成分为甲烷、氢和一氧化碳等，可用作燃料和化工原料。

**高炉煤气**　指炼铁过程中从高炉顶逸出的可燃性气体，是炼铁过程的副产品；其理论燃烧温度约为 1400～1500℃，含有大量粉尘（约 60～80 克/米$^3$），所以需要除尘处理，并在可能的情况下将其和空气预热以提高燃烧温度。在冶金联合企业，它主要用于焦炉，以及与焦炉煤气混合用作发电或其他燃料。

**天然气** 指以气态碳氢化合物为主的各种气体的混合物，由有机物质经生物化学作用分解而成，或与石油共存于岩石的裂缝和空洞中，或以溶解状态存在于地下水中；主要成分为甲烷（约占85%～95%），还有乙烷、丙烷、丁烷等，是一种优质燃料和化工原料。天然气分为常规天然气和非常规天然气。

**原油** 原油是一种褐色或黑色的黏稠状的可燃性物质。包括天然原油和人造原油。天然原油是指从油（气）田生产井采出的原油。人造原油是指用油母岩经干馏所得的原油。

**汽油** 指直馏汽油和二次加工汽油，按不同比例调和，加入适量抗氧防胶剂及金属钝化剂，必要时加入适量的抗爆剂而制成。

**煤油** 包括灯用煤油、航空煤油。

**柴油** 指直馏柴油和经过精制的二次加工，以不同比例调和而成的成品油。柴油分为轻柴油、重柴油。

**燃料油** 包括船用燃料油、重油或其他燃料油。燃料油分为商品燃料油和自用燃料油。商品燃料油指企业作为商品销售的燃料油；自用燃料油指本企业用作燃料和化肥、化工原料的自用油。

**液化石油气** 亦称液化气或压缩汽油，是炼油精制过程中产生并回收的气体在常温下经加压而成的液态产品。主要成分是丙烷、丁烷、丙烯、乙烯，主要用作石油化工原料，脱硫后可直接用作燃料。

**炼厂干气** 是指炼油厂炼油过程中产生并回收的非冷凝气体（也称蒸馏气），主要作燃料和化工原料。

**发电量** 指电厂（发电机组）在报告期内生产的电能量。它是发电机组经过对一次能源的加工转换而生产出的有功电能数量，即发电机实际发出的有功能率（千瓦）与发电机实际运行时间的乘积。发电量包括全部电力工业企业、自备电厂的产量。新装发电设备在未正式投入生产以前所发的电量以及发电设备大修或改进后试运转期间所发的电量，凡被本厂或用户利用的，均应计入发电量中，未被利用的，则不应计入。发电量中不包括电动的交直流转变、励磁机和周波变换的电量。

**火力发电** 指利用煤炭、燃油、燃气、生物质等燃料燃烧时产生的热能，通过火电动力装置转换成电能的发电方式，包括燃煤发电、燃气发电、燃油发电，余热、余压、余气发电，生物质发电等。

**煤矸石发电** 指利用采煤和选煤过程中排放的低热值固体废物（煤矸石）燃烧时产生的热能，通过火电动力装置转换成电能的发电方式。通常需掺烧一定数量的原煤。

**余热、余压、余气发电** 指利用余热、余压、余气通过火电动力装置转换成电能的发电方式。

**垃圾焚烧发电** 指把经过分类处理后燃烧值较高的垃圾进行高温焚烧，产生热能通过火电动力装置转换成电能的发电方式。

## （七）能源购消存及用水情况表

**能源库存量** 指能源使用企业（单位）在报告期的某时间点所拥有的、用于企业（单位）消费或转卖（不包括本企业自己生产的）的各种能源的库存量。

（1）库存量的核算原则：

① 时点性原则。库存量是指企业在报告期的某时间点所拥有的各种能源数量，所以必须按照制度所规定的时间点盘点库存，不得提前或推后。

② 实际数量原则。企业在库存盘点后，可能出现账面数量与实际库存数量不一致的现象，在这种情况下，应以盘点数量为准来调整账面数量，差额做盘盈或盘亏处理。

③ 库存量的核算，以验收合格、办理完入库手续为准，未经验收或不合格的，不能计入库存。

④ 能源使用企业（单位）用于消费的能源库存按照能源的使用权原则统计。

（2）库存量的统计范围：

能源使用企业（单位）的能源库存统计范围，是企业购进和调入（加工来料和借入）的、在报告期某一时间尚未消费或转卖、存放在原材料、能源供应仓库（或场地）、车间、工地中的各种能源，主要包括：

① 凡是本企业有权支配的，不论来源，也不论存放在什么地方，均应统计在本单位的库存量中；

② 在统计时点上尚未投入消费的，包括车间、工地、班组从仓库已领取但尚未投入第一道生产工序的（应办理假退料手续）；

③ 外单位来料加工或自外单位借入的，在报告期末尚未消费的；

④ 已决定外调（卖出、借出、捐赠等），但尚未办理出库手续的；

⑤ 委托外单位代保管的；

⑥ 不属于正常周转库存的超出积压或特准储备、战略储备；

⑦ 清点盘存时查出属于外账的。

不包括：

① 已拨交外单位委托加工的；

② 已外调（借出、捐赠等），已经办理出库手续的；

③ 供货单位错发到本单位的；

④ 代外单位保管的；

⑤ 已查实确属损失或丢失的；

⑥ 已付货款，但还在运输途中的；

⑦ 已运到本单位，但尚未办理或尚未办完验收入库手续的；

⑧ 能源生产企业的产成品库存。

**购进量**　指能源使用企业（单位）在报告期购进的各种能源数量。购进量的核算原则：

（1）计算购进量的能源必须具备以下三个条件：

一是已实际到达本单位；

二是经过验收、检验；

三是办理完入库手续。但是，在未办理完入库手续前，已经投入使用的或已经销售的，要计算在购进量中；使用多少，计算多少。

（2）“谁购进，谁统计”。

凡属本单位实际购进的，符合上述原则，不论从何处购进，均应计算在内，包括作价购进的加工来料。

凡属本报告期实际购进的，办理完入库手续，即计算购进量；什么时间办理入库手续，什么时间计算购进量。

能源购进量按照实物量填报。各种能源的能源购进实物量分别按照报表规定的、体现物质形态属性的计量单位（如：吨、米$^3$）计算的能源购进量。

**购进量金额** 指本单位在报告期实际购进的、已办理验收入库手续的各种一次能源和二次能源的金额。其金额以购货发票上的总金额（含增值税）计算，统计原则、范围与购进量相同。

统计购进量金额要注意：

（1）价值量指标要与实物量指标相一致，即计算实物量的，亦计算价值量，反之亦然。

（2）已验收入库尚未结算，购货发票未到，购进量以实际验收数量计算，购进量金额以货物的上期平均价或合同价格乘购进量计算，待结算后再作调整。

（3）实物量与价值量之一，如不够一个计量单位，两者都不填报，待以后两者都达到一个计量单位时，再同时填报。

（4）购进量金额不应包括运费和装卸费用。

**能源消费量** 指能源使用企业（单位）在报告期内实际消费的各种能源的数量。能源消费量分实物量和标准量两种。能源消费实物量是按照报表规定的、体现物质形态属性的计量单位（如：吨、米$^3$）计算的能源消费量；能源消费标准量是按照能源标准计量单位（如：吨标准煤）计算的能源消费量。

能源消费量统计的原则是：

（1）谁消费、谁统计。即不论其所有权的归属，由哪个单位消费，就由哪个单位统计其消费量。

（2）何时投入使用，何时计算消费量。企业的能源消费，在时间、工艺界限上，以投入第一道生产工序为标志，即投入第一道生产工序就计算消费；何时投入第一道生产工序，何时计算消费量。

（3）在计算综合能源消费量时，不得重复计算，应扣除二次能源的产出量和余热、余能的回收利用量。

（4）耗能工质（如水、氧气、压缩空气等），不论是外购的还是自产自用的，均不统计在能源消费量中（计算单位产品能耗时应根据具体的指标规定将某些耗能工质包括在内）。

（5）企业自产的能源，凡作为企业生产另一种产品的原材料、燃料，又分别计算产量的，消费量要统计，如煤矿用原煤生产洗煤，炼焦厂用焦炭生产煤气，炼油厂用燃料油发电等。但产品生产过程中消费的半成品和中间产品，不统计消费量，如炼油厂用原油生产出燃料油后，又用燃料油生产其他产品，在这种情况下，如果燃料油不计算产量，那么作为中间产品的燃料油也不计算消费量（如果燃料油计算产量，那么也要计算消费量）。

**工业企业能源消费量** 指工业企业在工业生产活动和非工业生产活动中消费的能源，包括工业生产活动中作为燃料、动力、原料、辅助材料使用的能源，生产工艺中使用的能源，用于能源加工转换的能源；非工业生产活动中使用的能源。具体包括：

（1）用于本企业产品生产、工业性作业和其他生产性活动的能源。

（2）用于技术更新改造措施、新技术研究和新产品试制以及科学试验等方面的能源。

（3）用于经营维修、建筑及设备大修理、机电设备和交通运输工具等方面的能源。

（4）用于劳动保护的能源。

（5）生产交通运输工具的企业（如造船厂、汽车制造厂），向成品轮船、汽车中添加动力用油，应算作企业的能源消费，但不作为工业生产消费，应作为非工业生产消费和交通运输工具消费。

（6）其他非生产消费的能源。

不包括：

（1）由仓库发到车间，但在报告期最后一天没有消费的能源。这部分能源应在办理假退料手续后计入库存量。

（2）拨到外单位，委托外单位加工用的能源。

（3）调出本单位或借给外单位的能源。

**工业生产能源消费量** 指工业企业为进行工业生产活动所消费的能源。主要包括：

（1）用于本企业产品生产、工业性作业的能源，包括用作原料、材料、燃料、动力；作为能源加工转换企业，还包括用作加工转换的能源（这部分能源不能理解为用作原材料，用作原材料的概念见后面的解释）。

（2）产品生产过程中作为辅助材料使用的能源。

（3）生产工艺过程使用的能源。

（4）新技术研究、新产品试制、科学试验使用的能源。

（5）为了工业生产活动而在进行的各种修理过程中使用的能源。

（6）生产区内的劳动保护用能等。

**用于原材料的能源消费量** 指能源产品不作能源使用，即不作燃料、动力使用，而作为生产另外一种产品（非能源产品）的原料或作为辅助材料使用，作原料使用时通常构成这种产品的实体。它与用作加工转换的区别是：用作加工转换，投入的是能源，产出的主要产品还是能源（或产出的产品属于加工转换过程中产生的不作能源使用的其他副产品和联产品）。而用作原材料时，投入的是能源，产出额主要产品是能源范畴以外的产品，包括产出的某种产品在广义上可以用作能源（比如可以燃烧以提供热量），但通常意义上不作能源使用的产品。

**非工业生产能源消费量** 指在工业企业能源消费中，除“工业生产能源消费”以外的能源消费，即非工业生产用能和工业企业附属的不从事工业生产活动的非独立核算单位用能。比如本企业施工单位进行技术更新改造、维修等过程用能，非生产区的劳动保护用能，科研单位、农场、车队、学校、医院、食堂、托儿所等单位用能。但是必须注意，上述单位如果是独立核算的，其用能既不能包括在“工业企业能源消费”中，也不能包括在“非工业生产能源消费”中。

生产交通运输工具的企业（如造船厂、汽车制造厂），向成品轮船、汽车中添加动力用油，应算作企业的非工业生产消费。

**运输工具能源消费量** 指在厂区内、外进行交通运输活动的交通运输工具所消费的能源。生产交通运输工具的企业（如造船厂、汽车制造厂），向成品轮船、汽车中添加动力用油，应作为交通运输工具消费。

如果工业企业所属的车队是独立核算的企业，其消费的能源既不能包括在“工业企业能源消费”中，亦不能包括在“交通运输工具用能”中，它的消费应为交通运输业企业消费。

**能源加工、转换投入** 能源加工、转换是为了特定的用途，将一种能源（一般为一次能源），经过一定的工艺，加工或转换成另外一种能源（二次能源）。

能源加工，是能源物理形态的变化，比如用蒸馏的方式将原油炼制成汽油、煤油、柴油等石油制品；用筛选、水洗的方式将原煤洗选成洗煤；以焦化的方式将煤炭高温干馏成焦炭；以气化的方式将煤炭气化成煤气，等等。这些方法在加工前后能源均未发生质的变化。

能源转换，是能量形态以及物质化学形态的变化，比如经过一定的工艺过程，将煤炭、重油等转换为电力和热力，将热能转换为机械能，将机械能转换为电能，将电能转换为热能等；又比如，经过裂化，将重质石油转换成轻质石油（转换前、后的物质具有不同的化学结构和化学性质）。

能源加工、转换的投入是指能源加工、转换过程所消费能源数量。

用作能源加工、转换的能源不能算作用于原材料。两者的区别是：用作加工、转换，投入的是能源，产出的主要产品还是能源，或产出的产品属于加工、转换过程中产生的不作能源使用的其他副产品和联产品。而用作原材料时，投入的是能源，产出的主要产品却是能源范畴以外的产品，包括产出的某种产品在广义上可以用作能源（比如可以燃烧以提供热量），但通常意义上不作能源使用的产品。

能源加工、转换企业的能源投入量不包括：

（1）加工转换本身的工艺用能，如发电装置的电动机用电，发电点火用燃料，通风设备用电；炼焦炉预热原料用的焦炉煤气和设备运转用的动力等。发电厂的厂用电不作为发电的投入统计。

（2）车间用能。

（3）辅助生产系统用能。

（4）经营管理用能。

（5）除上述项目以外的其他生产用能。

**火力发电的加工转换投入** 指火力发电企业为发电而投入发电锅炉燃料室的燃料数量。通常燃料主要有：煤炭、燃料油、天然气、焦炉煤气、高炉煤气、转炉煤气、生物质燃料、可燃废弃物和可燃垃圾等。

**供热的加工转换投入** 指热力生产企业为生产热力而投入供热锅炉燃烧室的燃料数量，以及热电联产机组按照热电产出比例分摊的用于供热的燃料投入量。

**原煤入洗的加工转换投入** 指洗煤企业为生产洗煤而投入煤炭洗选生产装置的原煤数量。

**炼焦的加工转换投入** 指焦化企业为生产焦化而投入炼焦生产装置的煤炭（原煤、洗煤）数量。

**炼油及煤制油的加工转换投入** 指炼油厂为生产成品油和其他石油制品而投入炼油生产装置的原油或其他原料油数量。煤制油加工转换投入是指煤化工企业以生产成品油为目的而投入煤制油化工生产装置的煤炭（原煤、洗煤）数量。煤制油是以煤炭为原料，通过化学加工过程生产成品油的一项技术，包含煤直接液化和煤间接液化两种技术路线。煤的直接液化将煤在高温高压条件下，通过催化加氢直接液化合成液态烃燃料，并脱除硫、氮、氧等原子。煤的间接液化首先把煤气化，再通过费托合成转化为烃类燃料。

**天然气液化投入**　专指将天然气经过一定工艺转换成液化天然气所投入的天然气。

**能源加工转换产出量**　指各种能源经过加工转换后产出的各种二次能源产品（包括不作能源使用的其他副产品和联产品），比如火力发电产出的电力，热电联产同时产出的电力、蒸汽、热水，洗煤产出的洗精煤、洗中煤、洗煤泥等，炼焦产出的焦炭、焦炉煤气和其他焦化产品，炼油产出的汽油、煤油、柴油、燃料油、液化石油气、炼厂干气和其他石油制品（石脑油、各种原料油、溶剂油、石蜡、润滑油、石油沥青等），制气产出的是焦炉煤气、其他煤气、焦炭和其他焦化产品（煤焦油、粗苯等）。

**能源加工转换损失量**　指能源在加工、转换过程中的各种损失量，计算式如下：

能源加工转换损失量 = 能源加工、转换过程中投入的能源数量 - 产出的能源数量

在计算能源加工、转换损失量时，需要将加工、转换的投入量和产出量分别折算为标准燃料，如标准煤。

**用作原材料的能源消费**　指能源产品不作能源使用，即不作燃料、动力使用，而作为生产另外一种产品（非能源产品）的原料或作为辅助材料使用，作原料使用时通常构成这种产品的实体。它与用作加工、转换的区别是：用作加工、转换，投入的是能源，产出的主要产品还是能源（或产出的产品属于加工、转换过程中产生的不作能源使用的其他副产品和联产品）。而用作原材料时，投入的是能源，产出的主要产品却是能源范畴以外的产品，包括产出的某种产品在广义上可以用作能源（比如可以燃烧以提供热量），但通常意义上不作能源使用的产品。

**综合能源消费量**　指企业（单位）在报告期内工业生产实际消费的各种能源（扣除能源加工转换和能源回收利用等重复因素）的总和。计算综合能源消费量时，需要将各种能源品种的消费量换算成按照标准计量单位（如：吨标准煤）计量的消费量。不同工业法人单位的计算方法见《能源购进、消费与库存表》的说明。

**工业企业回收能利用**　指企业将废气、废液、废渣及其余热、产品和工艺生产介质余热，工艺温差、压差，以及其他非直接投入的能量形态和能量物质，作为能源进行使用的数量。目前工业企业回收能的能量，绝大部分来自企业曾经投入使用的能源物质，很小部分来自其他物质在生产工艺过程中释放的能量（比如非能源物质的化学反应热）。所以，目前企业回收能利用量，只在报表中的高炉煤气、转炉煤气和余热余压目录中填报；其他目录均不得填报；企业的综合能源消费量不得出现负值。

**取水量**　指企业从各种水源直接提取或者从市场购买的用于厂区、办公区内工业生产活动的水量，以实际获得的新水量为准。

用于工业生产活动的水量，包括主要生产用水、辅助生产用水（如机修、运输、空压站等）和附属生产用水（如绿化、办公室、浴室、食堂、厕所、保健站等），不包括非工业生产单位的用水量（如基建用水、厂内居民家庭用水和企业附属幼儿园、学校、对外营业的浴室、游泳池等的用水量）和居民生活用水量。

取水量包括企业取自地表、地下、城镇供水工程的水，外购的再生水（中水）、其他水或水的产品，以及企业为生产外供水或水产品而取用的水。不包括重复用水量、直流冷却水量、未利用直接排放的矿井水和雨水量、污水处理企业处理的污（废）水量、水力发电动力用水量。

**外供水量** 指企业外供给其他单位的水或水产品的量，以离厂水量为准。包括外供给其他企业或市场的原水、自来水、再生水（中水）、海水淡化水、矿泉水、纯净水等。不包括直流冷却水量、未利用直接排放的矿井水和雨水量、北方地区供暖企业供给城镇热力网内循环的热水量、进入城镇污水管网和直接排放到自然环境中的水量。

**地表淡水** 指陆地表面形成的径流及地表贮存的淡水。包括江、河、淡水湖、水库等。

**地下淡水** 指地下径流或埋藏于地下的，经过提取可被利用的淡水。包括井水、地热水等。

**自来水** 指自来水厂将地表淡水、地下淡水经过“混凝、沉淀、过滤、消毒”等净水工序，达到国家饮用水标准，通过城镇自来水管网供给工业生产、居民生活使用的水。

**海水** 指海洋的水。海水的取水量包括企业用来淡化、制盐、化工生产等海水资源利用所提取的海水量，以及用于海水循环冷却补充水、脱硫、洗涤、除尘、冲渣、印染等的海水直接利用量，不包括海水直流冷却水量。

**陆地苦咸水** 指存在于陆地地表或地下，含盐量大于1克/升的水。包括微咸水、咸水湖和地下的咸水。不包括海水。

**矿井水** 指在采矿过程中，由于矿床开采破坏了地下水原始赋存状态而产生导水裂隙，使周围水沿着原有的和新的裂隙渗入井下采掘空间，进而形成的矿井涌水。收集、处理并已利用的矿井水填报取水量，未利用直接排放的矿井水不填报取水量、外供水量、外排水量。

**雨水** 指通过集雨工程积蓄处理后被工业利用的雨水。雨水的取水量不包括天降雨、雪后流到江河、湖泊、水库中的水，以及未经利用通过厂区内排水管道直接排放的雨水。

**再生水（中水）** 指以污（废）水为水源，经再生工艺净化处理后水质达到再利用标准的水。污水处理企业外供给其他单位使用的再生水（中水）填报外供水量。

**海水淡化水** 指经过特定生产工艺去除海水中的盐分后得到的淡化水。

**其他水** 指上述水资源品种没有涵盖的，或者界定不清的水及水的产品。包括软化水、除盐水、蒸汽（需折算成同等质量的水）、蒸汽冷凝水、管道供应的热水（不含北方地区城镇热力网内循环的热水）、瓶（桶）装纯净水、矿泉水、经过初步处理未达到自来水标准的水。不包括地热水、碳酸饮料、茶饮料、果汁饮料、酒类、污（废）水。

**外排水量** 指完成生产过程和生产活动之后，经过企业厂区、办公区所有排水口排到企业外部的水量。包括进入城镇污水管网的污（废）水量、直接排到自然环境中的水量。不包括外供水量、直流冷却水量、未利用就直接排放的矿井水量。

外排水量计算方法：

（1）实测法：企业排水口有计量装置，按照计量装置的计量数据计算外排水量。

（2）排放系数法：外排水量 =（取水量合计 - 外供水量合计）×排放系数。

不同类型的工业企业排放系数数值有所不同，一般在0.6~0.9范围内取值。

（3）物料衡算法：外排水量 =（取水量合计 - 外供水量合计）-（产品带走水量 + 漏失水量 + 蒸发水量 + 其他损失量）。

企业排水口有计量装置，按照实测法计算外排水量。企业排水口无计量装置，按照排放系数法或者物料衡算法计算外排水量。

**重复用水量**　指在确定的用水单元或系统内，所有未经处理和处理后又重复使用的水量总和。

满足下列任意一种情况，即可视为重复用水：

（1）循环水：指在确定的用水单元或系统内，生产过程中已用过、再循环用于同一过程的水。例如火力发电企业的循环冷却水。循环水量循环使用一次计算一次，根据循环水泵的流量乘以工作时间计算。

（2）串联水：指在确定的用水单元或系统，由生产过程中产生的或使用后、再用于另一单元或系统的水。例如先用于冷却再用于洗涤的水；生产过程中产生的，用于烟气脱硫、冲渣（灰）的水。串联水量重复使用一次计算一次。

（3）回用水：指企业产生的，没有排放而是直接或经处理后再利用于某一用水单元或系统的水。例如收集回用的蒸汽冷凝水，生产活动产生的、净化后回用的污（废）水，自来水厂冲洗沉淀池、滤池再处理后回用的水。回用水量回用一次计算一次。

重复用水量不包括北方地区城镇热力网内循环的热水、火力发电设备内进行汽水循环的除盐水。

**直流冷却水量**　指企业取自河流、水库、湖泊、海洋，经一次使用后，直接排放回河流、水库、湖泊、海洋的冷却水量，多见于火（核）电企业。直流冷却水不填报取水量、外供水量、外排水量。企业从直流冷却水系统中取水用作其他用途，则该部分应计入取水量。

利用河、湖、水库等的淡水进行直流冷却填报直流冷却水量（河湖水），利用海水进行直流冷却填报直流冷却水量（海水）。

**污水处理企业污水处理量**　指污水处理企业取自企业外部并实际处理的污（废）水量。本指标仅限污水处理企业填报。

## （八）研发活动及相关情况

**研发人员合计**　指企业内部直接参加研发项目以及项目的管理人员和直接服务的人员。不包括全年累计从事研发活动时间不足制度工作时间 10% 的人员。

**研发人员合计中女性**　指企业研发活动人员中的女性人数。

**研发人员合计中全职人员**　指企业研发活动人员中在报告期实际从事研发活动的时间占制度工作时间 90% 及以上的人员。在企业研发活动管理部门（科研管理处、部、科等）专职从事研发管理工作的人员、企业办科技机构中专职从事研发活动以及管理和直接服务人员，以及上述人员以外在报告期主要从事研发项目活动的人员可视作全时人员。

**研发人员合计中本科毕业及以上人员**　指企业研发活动人员中具有大学本科及以上学历或学士学位及以上的人员。

**研发经费支出合计**　指在报告期企业内部用于全部研发活动的直接支出，以及用于研发活动的管理费、服务费以及外协加工费等支出。

**使用来自政府部门的研发资金** 指企业在报告期使用的从政府有关部门得到的研发资金，包括纳入国家计划的中间试验费等。

**企业内部的日常研发经费支出中人员人工费（包括各种补贴）** 指企业在报告期支付给研发活动人员的工资薪金，包括基本工资、奖金、津贴、补贴、各种保险、年终加薪、加班工资以及与科技活动人员任职或者受雇有关的其他支出。

**企业内部的日常研发经费支出中原材料费** 指企业在报告期为实施研发项目而购买的原材料等相关支出。如：水和燃料（包括煤气和电）使用费等，实际消耗的原材料、辅助材料、备用配件、外购半成品，用于中间试验和产品试制达不到固定资产标准的模具、样品、样机及一般测试手段购置费、试制产品的检验费等。

**企业内部的日常研发经费支出中旧费用与长期费用摊销** 指企业在报告期为实施研发活动而购置的仪器和设备以及在用建筑物的折旧费用，包括研发设施改建、改装、装修和修理过程中发生的长期待摊费用。

**企业内部的日常研发经费支出中无形资产摊销** 指企业在报告期因研发活动需要购入的专有技术（包括专利、非专利发明、许可证、专有技术、设计和计算方法等）所发生的费用摊销。

**企业内部的日常研发经费支出中的其他费用** 指企业在报告期为研发活动所发生的除人员人工费、原材料费、折旧费用与长期费用摊销、无形资产摊销等费用之外的其他费用，包括用于科技活动的设计费、装备调试费、办公费、通讯费、专利申请维护费、高新科技研发保险费等。

**当年形成用于研发活动的固定资产** 指企业在报告期形成的用于研发活动的固定资产原价。对于科研与生产共用的固定资产应按比例进行分摊，其中仪器和设备一般应按使用时间进行分摊，建筑物一般应按使用面积进行分摊。为避免重复统计，本项指标不含由政府资金形成的固定资产。

**当年形成用于研发活动的固定资产中的仪器和设备** 指企业在报告期形成的用于研发活动的固定资产中的仪器和设备原价，其中设备包括用于科技活动的各类机器和设备、试验测量仪器、运输工具、工装工具等。

**委托外单位开展研发的经费支出** 指报告期企业委托外单位或与外单位合作进行研发而拨给对方的经费，不包括外协加工费。

**委托外单位开展研发的经费支出中对境内研究机构的支出** 指报告期企业委托或与境内独立研究机构合作开展研发活动而支付予其的经费。

**委托外单位开展研发的经费支出中对境内高等学校支出** 指报告期企业委托或与境内高等学校合作开展研发活动而支付予其的经费。

**委托外单位开展研发的经费支出中对境外支出** 指报告期企业委托或与境外机构合作开展研发活动而支付予其的经费。

**企业办（境内）科技机构数** 企业办科技机构指企业自办（或与外单位合办），管理上同生产系统相对独立（或者单独核算）的专门科技活动机构，如企业办的技术中心、研究院所、开发中心、开发部、实验室、中试车间、试验基地等。企业办科技活动机构经过资源整合，被国家或省级有关部门认定为国家级或省级技术中心的，应按一个机构填报。与外单位合办的科技活动机构若主要由本企业出资兴办，则由本企业统计，否则应由合办方统计。企业科技管理职能处（科）室（如科研处、技术科等）一般不统计在内；若科研处、技术科等同时挂有科技活动机构的牌子，视其报告年度内主要工作任务而定，主要任务是从事科技活动的可以统计，否则不予统计。本指标不含企业在中国境外设立的科技活动机构数。

**机构人员合计**　指报告期末企业办科技活动机构中从业人员合计。

**机构人员合计中博士毕业**　指报告期末企业办科技机构中具有博士学历或博士学位的人员。

**机构人员合计中硕士毕业**　指报告期末企业办科技机构中具有硕士学历或硕士学位的人员。

**机构人员合计中本科毕业**　指报告期末企业办科技机构中具有大学本科学历或学士学位的人员。

**机构经费支出**　指报告期企业办科技机构用于内部开展科技活动实际支出的总费用。包括机构人员劳务费（含工资）支出、机构业务费支出、管理费支出、固定资产购建支出以及其他维持机构正常工作的日常费用等的支出总和。

**期末仪器和设备原价**　指报告期末企业办研发机构固定资产中仪器和设备的原价，不包括长期闲置不用的仪器和设备。

**仪器和设备原价中进口**　指报告期末企业办研发机构固定资产中从国外购入的仪器和设备的原价，不包括长期闲置不用的仪器和设备。

**专利申请数**　指报告期内企业作为第一申请人向境内外知识产权行政部门提出专利申请并被受理后，按规定缴足申请费，符合进入初步审查阶段条件的件数。

**专利申请数中发明专利**　指报告期内企业作为第一申请人向境内外知识产权行政部门提出发明专利申请并被受理后，按规定缴足申请费，符合进入初步审查阶段条件的件数。

**有效发明专利数**　指报告期末企业作为专利权人在报告期拥有的、经国内外知识产权行政部门授权且在有效期内的发明专利件数。

**有效发明专利数中境外授权**　指报告期末企业作为专利权人拥有的、经国外及港澳台地区知识产权行政部门授予且在有效期内的发明专利件数。

**专利所有权转让及许可数**　指报告期企业向外单位转让专利所有权或允许专利技术由被许可单位使用的专利件数。

**专利所有权转让及许可收入**　指报告期企业向外单位转让专利所有权或允许专利技术由被许可单位使用而得到的收入。包括当年从被转让方或被许可方得到的一次性付款和分期付款收入，以及利润分成、股息收入等。

**新产品产值**　指报告期企业生产的新产品的产值。新产品是指采用新技术原理、新设计构思研制、生产的全新产品，或在结构、材质、工艺等某一方面比原有产品有明显改进，从而显著提高了产品性能或扩大了使用功能的产品。新产品产值、新产品销售收入既包括经政府有关部门认定并在有效期内的新产品，也包括企业自行研制开发，未经政府有关部门认定，从投产之日起一年之内的新产品。

**新产品销售收入**　指报告期企业销售新产品实现的销售收入。

**新产品销售收入中出口**　指报告期企业将新产品销售给外贸部门和直接出售给外商所实现的销售收入。

**发表科技论文** 指企业立项的科技项目产生的并在有正规刊号的刊物上发表的科技论文数量。

**拥有注册商标** 指企业在报告期末拥有的注册商标件数。包括在境内和境外注册的商标件数，一件商标在境内外同时注册时只统计一件。

**拥有注册商标中境外注册** 指企业在报告期末拥有的在国外或港澳台地区注册的商标件数。

**形成国家或行业标准** 指报告期企业在自主研发或自主知识产权基础上形成的经有关部门批准的国家或行业标准项数。

**研究开发费用加计扣除减免税** 指企业按有关政策和税法规定税前加计扣除的研究开发活动费用所得税，按当年税务部门实际减免的税额填报。对尚未得到当年减免税额的企业，按上年实际减免税额填报。

**高新技术企业减免税** 指高新技术企业按照国家有关政策依法享受的企业所得税减免额，按当年税务部门实际减免的税额填报。对尚未得到当年减免税额的企业，按上年实际减免税额填报。

**引进境外技术经费支出** 指企业在报告期用于购买境外技术的费用支出，包括产品设计、工艺流程、图纸、配方、专利等技术资料的费用支出，以及购买关键设备、仪器、样机和样件等的费用支出。

**引进境外技术的消化吸收经费支出** 引进技术的消化吸收指对引进技术的掌握、应用、复制而开展的工作，以及在此基础上的创新。引进技术的消化吸收经费支出包括：人员培训费、测绘费、参加消化吸收人员的工资、工装、工艺开发费、必备的配套设备费、翻版费等。消化吸收经费支出中属于科技活动的经费支出，除包含在本项外，还要计入企业科技活动经费支出中。

**购买境内技术经费支出** 指企业在报告期购买境内其他单位科技成果的经费支出。包括购买产品设计、工艺流程、图纸、配方、专利、技术诀窍及关键设备的费用支出。

**技术改造经费支出** 指企业在报告期进行技术改造而发生的费用支出。技术改造指企业在坚持科技进步的前提下，将科技成果应用于生产的各个领域（产品、设备、工艺等），用先进工艺、设备代替落后工艺、设备，实现以内涵为主的扩大再生产，从而提高产品质量、促进产品更新换代、节约能源、降低消耗，全面提高综合经济效益。

# 五、附　　录

## （一）钢铁工业产品产量统计指标目录

请参考中国钢铁工业协会编、2004年冶金工业出版社出版的《中国钢铁工业生产统计指标体系》。

## （二）钢铁工业主要产品生产能力目录

| | 产品名称 | 计量单位 | 数据关系 |
|---|---|---|---|
| 1 | 黑色金属矿采选 | | |
| 1.1 | 铁矿石开采能力 | 万吨/年 | |
| 1.2 | 铁矿石选矿处理原矿能力 | 万吨/年 | |
| 1.3 | 锰矿开采能力 | 万吨/年 | |
| 1.4 | 锰矿选矿处理能力 | 万吨/年 | |
| 1.5 | 铬矿开采能力 | 万吨/年 | |
| 1.6 | 铬矿选矿处理能力 | 万吨/年 | |
| 2 | 人造块矿 | | |
| 2.1 | 烧结铁矿 | 万吨/年 | |
| 2.2 | 球团铁矿 | 万吨/年 | |
| 3 | 炼铁产品 | | |
| 3.1 | 生铁 | 万吨/年 | |
| 3.2 | 直接还原铁 | 万吨/年 | |
| 3.3 | 熔融还原铁 | 万吨/年 | |
| 4 | 粗钢 | 万吨/年 | 4≥4.1+4.2 |
| 4.1 | 转炉钢 | 万吨/年 | |
| 4.2 | 电炉钢 | 万吨/年 | |
| 5 | 连铸坯 | 万吨/年 | 5≥5.1+5.2+5.3+5.4+5.5+5.6 |
| 5.1 | 方坯 | 万吨/年 | |
| 5.2 | 方（矩形）坯 | 万吨/年 | |
| 5.3 | 板坯 | 万吨/年 | |
| 5.4 | 圆坯 | 万吨/年 | |

续表

| | 产 品 名 称 | 计量单位 | 数据关系 |
|---|---|---|---|
| 5. 5 | 管坯 | 万吨/年 | |
| 5. 6 | 异型坯 | 万吨/年 | |
| 6 | 钢材生产能力 | 万吨/年 | 6 =6. 1 +6. 2 +6. 3 +6. 4 +6. 5 |
| 6. 1 | 热轧钢材 | 万吨/年 | 6. 1 =6. 1. 1 +6. 1. 2 + ~ +6. 1. 16 |
| 6. 1. 1 | 铁道用钢材 | 万吨/年 | 6. 1. 1≥6. 1. 1. 1 +6. 1. 1. 2 |
| 6. 1. 1. 1 | 其中：重轨 | 万吨/年 | |
| 6. 1. 1. 2 | 轻轨 | 万吨/年 | |
| 6. 1. 2 | 热轧大型型钢 | 万吨/年 | 6. 1. 2≥6. 1. 2. 1 |
| 6. 1. 2. 1 | 其中：H 型钢 | 万吨/年 | |
| 6. 1. 3 | 热轧中小型型钢 | 万吨/年 | |
| 6. 1. 4 | 热轧棒材 | 万吨/年 | |
| 6. 1. 5 | 热轧钢筋 | 万吨/年 | |
| 6. 1. 6 | 线材（盘条） | 万吨/年 | 6. 1. 6≥6. 1. 6. 1 |
| 6. 1. 6. 1 | 其中：高速线材 | 万吨/年 | |
| 6. 1. 7 | 特厚板 | 万吨/年 | |
| 6. 1. 8 | 厚板 | 万吨/年 | |
| 6. 1. 9 | 热轧中板 | 万吨/年 | |
| 6. 1. 10 | 热轧薄板 | 万吨/年 | |
| 6. 1. 11 | 热轧中厚宽钢带 | 万吨/年 | |
| 6. 1. 12 | 热轧薄宽钢带 | 万吨/年 | |
| 6. 1. 13 | 热轧窄钢带 | 万吨/年 | |
| 6. 1. 14 | 热轧电工钢板 | 万吨/年 | |
| 6. 1. 15 | 热轧无缝钢管 | 万吨/年 | |
| 6. 1. 16 | 其他热轧钢材 | 万吨/年 | |
| 6. 2 | 冷轧（拔）钢材 | 万吨/年 | 6. 2 =6. 2. 1 + ~ +6. 2. 13 |
| 6. 2. 1 | 冷轧（拔）中小型型钢 | 万吨/年 | |
| 6. 2. 2 | 冷轧（拔）棒材 | 万吨/年 | |
| 6. 2. 3 | 冷轧（拔）钢筋 | 万吨/年 | |
| 6. 2. 4 | 冷轧中板 | 万吨/年 | |
| 6. 2. 5 | 冷轧薄板 | 万吨/年 | |
| 6. 2. 6 | 冷轧中厚宽钢带 | 万吨/年 | |
| 6. 2. 7 | 冷轧薄宽钢带 | 万吨/年 | |
| 6. 2. 8 | 冷轧窄钢带 | 万吨/年 | |

续表

| | 产品名称 | 计量单位 | 数据关系 |
|---|---|---|---|
| 6.2.9 | 冷轧电工钢板（带） | 万吨/年 | |
| 6.2.10 | 冷轧（拔）无缝钢管 | 万吨/年 | |
| 6.2.11 | 焊接钢管 | 万吨/年 | |
| 6.2.12 | 冷弯型钢 | 万吨/年 | |
| 6.2.13 | 其他冷轧（拔）钢材 | 万吨/年 | |
| 6.3 | 镀涂层板（带） | 万吨/年 | 6.3=6.3.1+6.3.2 |
| 6.3.1 | 镀层板（带） | 万吨/年 | 6.3.1≥6.3.1.1+6.3.1.2 |
| 6.3.1.1 | 其中：镀锌板(带) | 万吨/年 | 6.3.1.1≥6.3.1.1.1+6.3.1.1.2 |
| 6.3.1.1.1 | 其中：电镀锌板(带) | 万吨/年 | |
| 6.3.1.1.2 | 热镀锌板(带) | 万吨/年 | |
| 6.3.1.2 | 镀锡板(带) | 万吨/年 | |
| 6.3.2 | 涂层板（带） | 万吨/年 | |
| 6.4 | 锻、挤、旋压钢材 | 万吨/年 | 6.4=6.4.1+6.4.2+6.4.3 |
| 6.4.1 | 锻压钢材 | 万吨/年 | |
| 6.4.2 | 挤压钢材 | 万吨/年 | |
| 6.4.3 | 旋压钢材 | 万吨/年 | |
| 6.5 | 其他加工工艺钢材 | 万吨/年 | |
| 7 | 钢丝及其制品合计 | 吨/年 | 7=7.1+～+7.4 |
| 7.1 | 钢丝 | 吨/年 | |
| 7.2 | 钢丝绳 | 吨/年 | |
| 7.3 | 钢绞线 | 吨/年 | |
| 7.4 | 其他钢丝制品 | 吨/年 | |
| 8 | 铁合金产品合计 | 吨(折标)/年 | 8≥8.1+8.2 |
| 8.1 | 其中：高炉铁合金 | 吨(折标)/年 | |
| 8.2 | 电炉铁合金 | 吨(折标)/年 | |
| 9 | 焦炭 | 万吨/年 | 9≥9.1 |
| 9.1 | 机焦 | 万吨/年 | |
| 10 | 耐火材料制品总计 | 吨/年 | 10=10.1+10.2+10.3 |
| 10.1 | 致密定型耐火制品 | 吨/年 | |
| 10.2 | 隔热耐火制品 | 吨/年 | |
| 10.3 | 不定型耐火制品 | 吨/年 | |
| 11 | 炭素制品 | 吨/年 | 11≥11.1+11.2 |
| 11.1 | 其中：石墨制品 | 吨/年 | |
| 11.2 | 炭制品 | 吨/年 | |

## （三）钢铁工业生产技术经济指标目录

请参考中国钢铁工业协会编、2004年冶金工业出版社出版的《中国钢铁工业生产统计指标体系》。

## （四）钢铁工业专业生产设备统计指标目录

请参考中国钢铁工业协会编、2004年冶金工业出版社出版的《中国钢铁工业生产统计指标体系》。

## （五）产品销售利润构成目录

| 指标名称 | | 指标名称 | |
|---|---|---|---|
| 1 | 铁矿石成品矿 | 7.11 | 冷轧薄板 |
| 1.1 | 其中：铁精矿 | 7.12 | 中厚宽钢带 |
| 2 | 烧结铁矿 | 7.13 | 热轧薄宽钢带 |
| 3 | 球团铁矿 | 7.14 | 冷轧薄宽钢带 |
| 4 | 生铁 | 7.15 | 热轧窄钢带 |
| 5 | 直接还原铁 | 7.16 | 冷轧窄钢带 |
| 6 | 粗钢产品 | 7.17 | 镀层板（带） |
| 6.1 | 其中：连铸坯 | 7.18 | 涂层板（带） |
| 7 | 钢材 | 7.19 | 电工钢板（带） |
| 7.1 | 铁道用钢材 | 7.20 | 无缝钢管 |
| 7.2 | 大型型钢 | 7.21 | 焊接钢管 |
| 7.3 | 中小型型钢 | 7.22 | 其他钢材 |
| 7.4 | 棒材 | 8 | 钢丝 |
| 7.5 | 钢筋 | 9 | 钢丝绳 |
| 7.6 | 线材（盘条） | 10 | 钢绞线 |
| 7.7 | 特厚板 | 11 | 铁合金产品 |
| 7.8 | 厚板 | 12 | 焦炭 |
| 7.9 | 中板 | 13 | 炭素制品 |
| 7.10 | 热轧薄板 | 14 | 耐火材料制品 |

## （六）主要原、辅材料产、购、消、存目录

| 物资名称 | | 计量单位 |
|---|---|---|
| 1 | 原煤 | 吨 |
| 2 | 洗精煤 | 吨 |
| 3 | 焦炭 | 吨 |
| 4 | 焦炉煤气 | 万立方米 |
| 5 | 高炉煤气 | 万立方米 |
| 6 | 转炉煤气 | 万立方米 |
| 7 | 其他煤气 | 万立方米 |
| 8 | 天然气 | 万立方米 |
| 9 | 电力 | 万千瓦时 |
| 10 | 燃料油 | 吨 |
| 11 | 汽油 | 吨 |
| 12 | 柴油 | 吨 |
| 13 | 铁矿石成品矿 | 吨 |
| 13.1 | 炼钢块矿 | 吨 |
| 13.2 | 炼铁块矿 | 吨 |
| 13.3 | 铁富粉矿 | 吨 |
| 13.4 | 铁精矿 | 吨 |
| 14 | 球团矿 | 吨 |
| 15 | 炼钢生铁 | 吨 |
| 16 | 铸造生铁 | 吨 |
| 17 | 模铸钢锭 | 吨 |
| 18 | 连铸钢坯 | 吨 |
| 19 | 废钢 | 吨 |
| 20 | 锰矿石 | 吨 |
| 21 | 铬矿石 | 吨 |
| 22 | 铁合金 | 吨 |
| 23 | 石墨电极 | 吨 |
| 24 | 耐火材料制品 | 吨 |

## （七）主要产品产、销、存目录

| 指标名称 | | 指标名称 | |
|---|---|---|---|
| 1 | 铁矿石原矿 | 13 | 厚板 |
| 2 | 铁矿石成品矿 | 14 | 中板 |
| 2.1 | 其中：铁精矿 | 15 | 热轧薄板 |
| 3 | 烧结铁矿 | 16 | 冷轧薄板 |
| 4 | 球团铁矿 | 17 | 中厚宽钢带 |
| 5 | 生铁 | 18 | 热轧薄宽钢带 |
| 6 | 直接还原铁 | 19 | 冷轧薄宽钢带 |
| 7 | 粗钢产品 | 20 | 热轧窄钢带 |
| 7.1 | 其中：连铸坯 | 21 | 冷轧窄钢带 |
| 8 | 钢材 | 22 | 镀层板（带） |
| 8.1 | 铁道用钢材 | 22.1 | 其中：镀锌板（带） |
| 8.1.1 | 其中：重轨 | 22.2 | 镀锡板（带） |
| 8.1.2 | 轻轨 | 23 | 涂层板（带） |
| 8.2 | 大型型钢 | 24 | 电工钢板（带） |
| 8.2.1 | 其中：H型钢 | 25 | 无缝钢管 |
| 8.2.2 | I型钢 | 26 | 焊接钢管 |
| 8.2.3 | U型钢 | 27 | 其他钢材 |
| 8.2.4 | 角钢 | 27.1 | 其中：冷弯型钢 |
| 8.3 | 中小型型钢 | 28 | 钢丝 |
| 8.3.1 | 其中：I型钢 | 29 | 钢丝绳 |
| 8.3.2 | U型钢 | 30 | 钢绞线 |
| 8.3.3 | 角钢 | 31 | 铁合金 |
| 9 | 棒材 | 32 | 焦炭 |
| 10 | 钢筋 | 33 | 炭素制品 |
| 11 | 线材（盘条） | 34 | 耐火材料制品 |
| 12 | 特厚板 | | |

## （八）能源填报目录

| 能源名称 | 计量单位 | 代码 | 参考折标准煤系数 | 参考发热量 |
|---|---|---|---|---|
| 原煤 | 吨 | 01 | — | — |
| 其中：1. 无烟煤 | 吨 | 02 | 0.9428 吨标准煤/吨 | 约 6000 千卡/千克以上 |
| 2. 炼焦烟煤 | 吨 | 03 | 0.9 吨标准煤/吨 | 约 6000 千卡/千克以上 |
| 3. 一般烟煤 | 吨 | 04 | 0.7143 吨标准煤/吨 | 约 4500～5500 千卡/千克 |
| 4. 褐煤 | 吨 | 05 | 0.4286 吨标准煤/吨 | 约 2500～3500 千卡/千克 |
| 洗精煤（用于炼焦） | 吨 | 06 | 0.9 吨标准煤/吨 | 约 6000 千卡/千克以上 |
| 其他洗煤 | 吨 | 07 | 0.4643～0.9 吨标准煤/吨 | 约 2500～6000 千卡/千克 |
| 煤制品 | 吨 | 08 | 0.5286 吨标准煤/吨 | 约 3000～5000 千卡/千克 |
| 焦炭 | 吨 | 09 | 0.9714 吨标准煤/吨 | 约 6800 千卡/千克 |
| 其他焦化产品 | 吨 | 10 | 1.1～1.5 吨标准煤/吨 | 约 7700～10500 千卡/千克 |
| 焦炉煤气 | 万立方米 | 11 | 5.714～6.143 吨标准煤/万立方米 | 约 4000～4300 千卡/米$^3$ |
| 高炉煤气 | 万立方米 | 12 | 1.286 吨标准煤/万立方米 | 约 900 千卡/米$^3$ |
| 转炉煤气 | 万立方米 | 13 | 2.714 吨标准煤/万立方米 | 约 1900 千卡/米$^3$ |
| 发生炉煤气 | 万立方米 | 14 | 1.786 吨标准煤/万立方米 | 约 1250 千卡/米$^3$ |
| 天然气 | 万立方米 | 15 | 11～13.3 吨标准煤/万立方米 | 约 7700～9300 千卡/米$^3$ |
| 液化天然气（液态） | 吨 | 16 | 1.7572 吨标准煤/吨 | 约 12300 千卡/千克 |
| 煤层气 | 万立方米 | 17 | 11 吨标准煤/万立方米 | 约 7700 千卡/米$^3$ |
| 原油 | 吨 | 18 | 1.4286 吨标准煤/吨 | 约 10000 千卡/千克 |
| 汽油 | 吨 | 19 | 1.4714 吨标准煤/吨 | 约 10300 千卡/千克 |
| 煤油 | 吨 | 20 | 1.4714 吨标准煤/吨 | 约 10300 千卡/千克 |
| 柴油 | 吨 | 21 | 1.4571 吨标准煤/吨 | 约 10200 千卡/千克 |
| 燃料油 | 吨 | 22 | 1.4286 吨标准煤/吨 | 约 10000 千卡/千克 |
| 液化石油气 | 吨 | 23 | 1.7143 吨标准煤/吨 | 约 12000 千卡/千克 |
| 炼厂干气 | 吨 | 24 | 1.5714 吨标准煤/吨 | 约 11000 千卡/千克 |
| 热力（当量） | 百万千焦 | 32 | 0.0341 吨标准煤/百万千焦 | — |
| 电力（当量） | 万千瓦时 | 33 | 1.229 吨标准煤/万千瓦时 | 860 千卡/千瓦时 |
| 煤矸石（用于燃料） | 吨 | 34 | 0.2857 吨标准煤/吨 | 约 2000 千卡/千克 |
| 城市生活垃圾(用于燃料) | 吨 | 35 | 0.2714 吨标准煤/吨 | 约 1900 千卡/千克 |
| 余热余压 | 百万千焦 | 36 | 0.0341 吨标准煤/百万千焦 | — |
| 工业废料（用于燃料） | 吨 | 37 | 0.4285 吨标准煤/吨 | 约 3000 千卡/千克 |
| 其他燃料 | 吨标准煤 | 38 | 1 | 7000 千卡/吨标准煤 |
| 能源合计 | 吨标准煤 | 39 | — | — |

说明：

1. 原煤＝无烟煤＋炼焦烟煤＋一般烟煤＋褐煤。
2. 能源合计＝∑能源品种×折标准煤系数（求和时不要重复计算其中项）。
3. 其他燃料是指代码 01～37 以外未列出的作为燃料使用的物质，其发热量折算成标准煤统计。

## （九）会员钢铁企业主要产品产量月报产品目录

| 产品名称 | 计量单位 | 说明参见《中国钢铁工业生产统计指标体系》(2004 版) |
|---|---|---|
| 一、黑色金属矿采选 | | |
| 1. 铁矿采剥（掘）总量 | 吨 | |
| 2. 铁矿石原矿量 | 吨 | |
| 3. 铁矿石成品矿 | 吨 | |
| （1）铁富粉矿 | 吨 | |
| （2）铁精矿 | 吨 | |
| 附（一）：外购铁矿石原矿 | 吨 | |
| 其中：1. 国外进口铁矿石原矿 | 吨 | |
| 2. 国内采购铁矿石原矿 | 吨 | |
| 附（二）：外购铁矿石成品矿 | 吨 | |
| 其中：1. 国外进口铁矿石成品矿 | 吨 | |
| 2. 国内采购铁矿石成品矿 | 吨 | |
| 附（三）：外销铁矿石成品矿 | 吨 | |
| 二、人造块矿产品 | 吨 | |
| （一）人造富铁矿 | 吨 | |
| 1. 烧结铁矿 | 吨 | |
| 2. 球团铁矿 | 吨 | |
| 附（四）：外购人造富铁矿 | 吨 | |
| 其中：1. 外购烧结铁矿 | 吨 | |
| 2. 外购球团铁矿 | 吨 | |
| （二）人造富锰矿 | 吨 | |
| 三、生铁 | 吨 | |
| 1. 炼钢生铁 | 吨 | |
| 2. 铸造生铁 | 吨 | |
| 3. 含钒生铁 | 吨 | |
| 四、粗钢 | 吨 | |
| （一）按化学成分和用途分类： | | |
| 1. 非合金钢 | 吨 | |
| 2. 低合金钢 | 吨 | |

续表

| 产品名称 | 计量单位 | 说明参见《中国钢铁工业生产统计指标体系》(2004 版) |
|---|---|---|
| 3. 合金钢（不含不锈钢） | 吨 | |
| 4. 不锈钢 | 吨 | |
| （二）按状态分： | | |
| 1. 连铸坯 | 吨 | |
| 方坯 | 吨 | |
| 矩形坯 | 吨 | |
| 板坯 | 吨 | |
| 圆坯 | 吨 | |
| 异形坯 | 吨 | |
| 管坯 | 吨 | |
| 2. 模铸钢锭 | 吨 | |
| 3. 铸造用液态钢 | 吨 | |
| （三）按冶炼方法分： | | |
| 1. 转炉钢 | 吨 | |
| 2. 电弧炉钢 | 吨 | |
| 3. 其他炉钢 | 吨 | |
| 五、钢材 | 吨 | |
| 按钢的化学成分分： | | |
| 1. 非合金钢 | 吨 | |
| （1）普通质量非合金钢 | 吨 | |
| （2）优质非合金钢 | 吨 | |
| 其中：优质碳素结构钢 | 吨 | |
| 冷压延棒、线材用非合金钢 | 吨 | |
| 电工用非合金钢 | 吨 | |
| 优质铸造碳素钢 | 吨 | |
| 易切削非合金结构钢 | 吨 | |
| （3）特殊质量非合金钢 | 吨 | |
| 其中：特殊碳素结构钢 | 吨 | |
| 特殊盘条钢及钢丝用非合金钢 | 吨 | |
| 碳素弹簧钢 | 吨 | |

续表

| 产品名称 | 计量单位 | 说明参见《中国钢铁工业生产统计指标体系》(2004 版) |
| --- | --- | --- |
| 特殊易切削钢 | 吨 | |
| 碳素工具钢和中空钢 | 吨 | |
| 电磁纯铁 | 吨 | |
| 原料纯铁 | 吨 | |
| 2. 低合金钢 | 吨 | |
| （1）普通质量低合金钢 | 吨 | |
| 其中：低合金钢筋钢 | 吨 | |
| 铁道用一般低合金钢 | 吨 | |
| （2）优质低合金钢 | 吨 | |
| 其中：铁道用优质低合金钢 | 吨 | |
| 输油、输气管线用低合金钢 | 吨 | |
| 低合金耐候钢 | 吨 | |
| （3）特殊质量低合金钢 | 吨 | |
| 其中：铁道用特殊低合金钢 | 吨 | |
| 3. 合金钢（不含不锈钢） | 吨 | |
| （1）优质合金钢 | 吨 | |
| 其中：一般结构用合金钢 | 吨 | |
| 电工用硅（铝）钢 | 吨 | |
| 地质、石油钻探用合金钢 | 吨 | |
| （2）特殊质量合金钢 | 吨 | |
| 其中：合金结构钢 | 吨 | |
| 合金钢筋钢 | 吨 | |
| 合金弹簧钢 | 吨 | |
| 合金工具钢 | 吨 | |
| 高合金工具钢 | 吨 | |
| 高速工具钢 | 吨 | |
| 高温合金钢 | 吨 | |
| 精密合金钢 | 吨 | |
| 耐蚀合金钢 | 吨 | |
| 轴承钢 | 吨 | |

续表

| 产品名称 | 计量单位 | 说明参见《中国钢铁工业生产统计指标体系》(2004 版) |
|---|---|---|
| 4. 不锈钢 | 吨 | |
| （1）铬系不锈钢 | 吨 | |
| （2）铬镍系不锈钢 | 吨 | |
| （3）耐热不锈钢 | 吨 | |
| 按品种细分类： | | |
| 1. 铁道用钢材 | 吨 | |
| （1）铁道用钢材中： | | |
| ① 轻轨 | 吨 | |
| ② 重轨 | 吨 | |
| ③ 车轮、轮箍 | 吨 | |
| 2. 大型型钢 | 吨 | |
| （1）大型型钢中：热轧大型型钢 | 吨 | |
| （2）大型型钢中： | | |
| ① 大型 H 型钢 | 吨 | |
| ② 大型 I 型钢（大型工字钢） | 吨 | |
| ③ 大型 U 型钢（大型槽钢） | 吨 | |
| ④ 大型角钢 | 吨 | |
| 3. 中小型型钢 | 吨 | |
| （1）中小型型钢中：热轧中小型型钢 | 吨 | |
| （2）中小型型钢中： | | |
| ① 中小型 H 型钢 | 吨 | |
| ② 中小 I 型钢（小工字钢） | 吨 | |
| ③ 中小 U 型钢（小槽钢） | 吨 | |
| ④ 中小型角钢 | 吨 | |
| ⑤ 中小等翼缘 T 型钢 | 吨 | |
| 4. 棒材 | 吨 | |
| （1）棒材中：热轧棒材 | 吨 | |
| （2）棒材中： | | |
| ① 圆钢 | 吨 | |
| ② 方钢 | 吨 | |

续表

| 产品名称 | 计量单位 | 说明参见《中国钢铁工业生产统计指标体系》(2004 版) |
|---|---|---|
| ③ 扁钢 | 吨 | |
| 5. 钢筋 | 吨 | |
| (1) 钢筋中．热轧钢筋 | 吨 | |
| (2) 钢筋中： | | |
| ① 光圆钢筋 | 吨 | |
| ② 带肋钢筋 | 吨 | |
| (3) 钢筋中： | | |
| ① 1 级钢筋 | 吨 | |
| ② 2 级钢筋 | 吨 | |
| ③ 3 级钢筋 | 吨 | |
| ④ 4 级钢筋 | 吨 | |
| 6. 线材（盘条） | 吨 | |
| 线材中：制品原料用高碳钢线材（硬线） | 吨 | |
| 工程及建筑结构用线材 | 吨 | |
| 7. 特厚板 | 吨 | |
| 8. 厚钢板 | 吨 | |
| 9. 中板 | 吨 | |
| 中板中：热轧中板 | 吨 | |
| 冷轧中板 | 吨 | |
| 不锈钢中板 | 吨 | |
| 10. 热轧薄板 | 吨 | |
| 热轧薄板中：不锈钢热轧薄板 | 吨 | |
| 11. 冷轧薄板 | 吨 | |
| 冷轧薄板中：不锈钢冷轧薄板 | 吨 | |
| 12. 中厚宽钢带 | 吨 | |
| 中厚宽钢带中：热轧中厚宽钢带 | 吨 | |
| 不锈钢热轧中厚宽钢带 | 吨 | |
| 13. 热轧薄宽钢带 | 吨 | |
| 热轧薄宽钢带中：不锈钢热轧薄宽钢带 | 吨 | |
| 14. 冷轧薄宽钢带 | 吨 | |

续表

| 产品名称 | 计量单位 | 说明参见《中国钢铁工业生产统计指标体系》(2004 版) |
| --- | --- | --- |
| 冷轧薄宽钢带中：不锈钢冷轧薄宽钢带 | 吨 | |
| 15. 热轧窄钢带 | 吨 | |
| 热轧窄钢带中：不锈钢热轧窄钢带 | 吨 | |
| 16. 冷轧窄钢带 | 吨 | |
| 冷轧窄钢带中：不锈钢冷轧窄钢带 | 吨 | |
| 17. 镀层板（带） | 吨 | |
| 镀层板（带）中：镀锌板（带） | 吨 | |
| 镀锡板（带） | 吨 | |
| 18. 涂层板（带） | 吨 | |
| 19. 电工钢板（带） | 吨 | |
| 电工钢板（带）中：热轧电工钢板 | 吨 | |
| 冷轧电工钢板（带） | 吨 | |
| 20. 无缝钢管 | 吨 | |
| 无缝钢管中：热轧无缝钢管 | 吨 | |
| 21. 焊接钢管 | 吨 | |
| 22. 其他钢材 | 吨 | |
| 其他钢材中：热轧其他钢材 | 吨 | |
| 附（五）：钢材生产中耗用的外购国内原料钢材量 | 吨 | |
| 铁道用钢材 | 吨 | |
| 其中：轻轨 | 吨 | |
| 重轨 | 吨 | |
| 大型型钢 | 吨 | |
| 其中：大型 H 型钢 | 吨 | |
| 大型 I 型钢 | 吨 | |
| 大型 U 型钢 | 吨 | |
| 大型角钢 | 吨 | |
| 中小型型钢 | 吨 | |
| 其中：中小型 H 型钢 | 吨 | |
| 中小 I 型钢 | 吨 | |
| 中小 U 型钢 | 吨 | |

续表

| 产品名称 | 计量单位 | 说明参见《中国钢铁工业生产统计指标体系》(2004 版) |
| --- | --- | --- |
| 中小角钢 | 吨 | |
| 棒材 | 吨 | |
| 其中：圆钢 | 吨 | |
| 方钢 | 吨 | |
| 扁钢 | 吨 | |
| 钢筋 | 吨 | |
| 其中：光圆钢筋 | 吨 | |
| 带肋钢筋 | 吨 | |
| 线材（盘条） | 吨 | |
| 特厚板 | 吨 | |
| 厚板 | 吨 | |
| 中板 | 吨 | |
| 热轧薄板 | 吨 | |
| 冷轧薄板 | 吨 | |
| 中厚宽钢带 | 吨 | |
| 热轧薄宽钢带 | 吨 | |
| 冷轧薄宽钢带 | 吨 | |
| 热轧窄钢带 | 吨 | |
| 冷轧窄钢带 | 吨 | |
| 镀层板（带） | 吨 | |
| 涂层板（带） | 吨 | |
| 电工钢板（带） | 吨 | |
| 无缝钢管 | 吨 | |
| 焊接钢管 | 吨 | |
| 其他钢材 | 吨 | |
| 附（六）：订货者来料加工钢材产量 | 吨 | |
| 铁道用钢材 | 吨 | |
| 其中：轻轨 | 吨 | |
| 重轨 | 吨 | |
| 大型型钢 | 吨 | |

续表

| 产品名称 | 计量单位 | 说明参见《中国钢铁工业生产统计指标体系》(2004 版) |
|---|---|---|
| 其中：大型 H 型钢 | 吨 | |
| 大型 I 型钢 | 吨 | |
| 大型 U 型钢 | 吨 | |
| 大型角钢 | 吨 | |
| 中小型型钢 | 吨 | |
| 其中：中小型 H 型钢 | 吨 | |
| 中小 I 型钢 | 吨 | |
| 中小 U 型钢 | 吨 | |
| 中小角钢 | 吨 | |
| 棒材 | 吨 | |
| 其中：圆钢 | 吨 | |
| 方钢 | 吨 | |
| 扁钢 | 吨 | |
| 钢筋 | 吨 | |
| 其中：光圆钢筋 | 吨 | |
| 带肋钢筋 | 吨 | |
| 线材（盘条） | 吨 | |
| 特厚板 | 吨 | |
| 厚板 | 吨 | |
| 中板 | 吨 | |
| 热轧薄板 | 吨 | |
| 冷轧薄板 | 吨 | |
| 中厚宽钢带 | 吨 | |
| 热轧薄宽钢带 | 吨 | |
| 冷轧薄宽钢带 | 吨 | |
| 热轧窄钢带 | 吨 | |
| 冷轧窄钢带 | 吨 | |
| 镀层板（带） | 吨 | |
| 涂层板（带） | 吨 | |
| 电工钢板（带） | 吨 | |

续表

| 产品名称 | 计量单位 | 说明参见《中国钢铁工业生产统计指标体系》(2004 版) |
|---|---|---|
| 无缝钢管 | 吨 | |
| 焊接钢管 | 吨 | |
| 其他钢材 | 吨 | |
| 附（七）：委托外企业加工钢材产量 | 吨 | |
| 铁道用钢材 | 吨 | |
| 其中：轻轨 | 吨 | |
| 重轨 | 吨 | |
| 大型型钢 | 吨 | |
| 其中：大型 H 型钢 | 吨 | |
| 大型 I 型钢 | 吨 | |
| 大型 U 型钢 | 吨 | |
| 大型角钢 | 吨 | |
| 中小型型钢 | 吨 | |
| 其中：中小型 H 型钢 | 吨 | |
| 中小 I 型钢 | 吨 | |
| 中小 U 型钢 | 吨 | |
| 中小角钢 | 吨 | |
| 棒材 | 吨 | |
| 其中：圆钢 | 吨 | |
| 方钢 | 吨 | |
| 扁钢 | 吨 | |
| 钢筋 | 吨 | |
| 其中：光圆钢筋 | 吨 | |
| 带肋钢筋 | 吨 | |
| 线材（盘条） | 吨 | |
| 特厚板 | 吨 | |
| 厚板 | 吨 | |
| 中板 | 吨 | |
| 热轧薄板 | 吨 | |
| 冷轧薄板 | 吨 | |
| 中厚宽钢带 | 吨 | |
| 热轧薄宽钢带 | 吨 | |
| 冷轧薄宽钢带 | 吨 | |

续表

| 产品名称 | 计量单位 | 说明参见《中国钢铁工业生产统计指标体系》(2004 版) |
|---|---|---|
| 热轧窄钢带 | 吨 | |
| 冷轧窄钢带 | 吨 | |
| 镀层板（带） | 吨 | |
| 涂层板（带） | 吨 | |
| 电工钢板（带） | 吨 | |
| 无缝钢管 | 吨 | |
| 焊接钢管 | 吨 | |
| 其他钢材 | 吨 | |
| 六、钢丝及其制品 | 吨 | |
| （一）钢丝 | 吨 | |
| （二）钢丝绳 | 吨 | |
| （三）钢绞线 | 吨 | |
| 七、铁合金 | 吨(折标) | |
| （一）普通铁合金 | 吨(折标) | |
| 1. 高炉铁合金 | 吨(折标) | |
| 2. 电炉铁合金 | 吨(折标) | |
| （二）特种铁合金 | 吨(折标) | |
| 1. 电炉铁合金 | 吨(折标) | |
| 2. 转炉铁合金 | 吨(折标) | |
| 八、耐火材料制品 | 吨 | |
| （一）致密定型耐火制品 | 吨 | |
| 1. 黏土质砖 | 吨 | |
| 2. 高铝质砖 | 吨 | |
| 3. 硅质砖 | 吨 | |
| 4. 镁质砖 | 吨 | |
| 5. 特种耐火制品 | 吨 | |
| （二）隔热耐火制品 | 吨 | |
| （三）不定型耐火制品 | 吨 | |
| 九、焦炭 | 吨 | |
| 其中：机械化焦炉生产的焦炭 | 吨 | |
| 附（八）：外购焦炭 | 吨 | |
| 十、炭素制品 | 吨 | |
| 其中：石墨制品 | 吨 | |
| 炭制品 | 吨 | |

## （十）重点统计单位主要技术经济指标月报指标目录

| 指标名称 | 计算单位 | 计算根据 | | 说明 |
|---|---|---|---|---|
| | | 子　项 | 母　项 | 参见《中国钢铁工业生产统计指标体系》(2004年版) |
| 一、黑色金属、非金属矿采选及煅烧 | | | | |
| (一)露天采矿 | | | | |
| 1. 采出矿石品位 | % | 采出矿石中主要成分总含量(吨) | 采出矿石量(吨) | |
| 2. 矿石贫化率(间接法) | % | 子项见说明 | 掌子出矿总量(吨) | |
| 3. 采矿主要物料消耗 | | | | |
| (1)炸药消耗 | 千克/万吨 | 炸药耗用量(千克) | 采剥总量(万吨) | |
| (2)雷管消耗 | 个/万吨 | 雷管耗用量(个) | 采剥总量(万吨) | |
| (3)导火线消耗 | 米/万吨 | 导火线耗用量(米) | 采剥总量(万吨) | |
| (4)轮胎消耗 | 条/万吨公里 | 轮胎耗用量(条) | 汽车运输作业量(万吨公里) | |
| 4. 采矿主要能源实物消耗 | | | | |
| 电力消耗 | 千瓦时/吨 | 电力耗用量(千瓦时) | 采出原矿量(吨) | |
| 5. 露天采矿从业人员实物劳动生产率 | 吨/人 | 采剥总量(吨) | 采矿从业人员平均人数(人) | |
| 6. 钻机效率 | | | | |
| ××型牙轮钻机 | 米/台月(年) | 钻孔总孔深(米) | 生产在册钻机台月(年)数(台月、台年) | |
| 7. 电铲效率 | | | | |
| ××米$^3$ 电铲 | 万吨/台月(年) | 铲装矿岩量(万吨) | 生产在册电铲台月(年)数(台月、台年) | |
| 8. 汽车运输效率 | | | | |
| ××吨汽车 | 万吨公里/台月(年) | 总运输量(万吨公里) | 生产在册汽车台月(年)数(台月、台年) | |
| 9. 电机车运输效率 | | | | |
| ××吨电机车 | 万吨公里/台月(年) | 总运输量(万吨公里) | 生产在册电机车台月(年)数(台月、台年) | |
| 10. 采矿回采率 | % | 区域采出矿石量(吨)×[1－贫化率(%)] | 区域地质储量(吨) | |

续表

| 指标名称 | 计算单位 | 计算根据 | | 说明 |
|---|---|---|---|---|
| | | 子　项 | 母　项 | 参见《中国钢铁工业生产统计指标体系》(2004 年版) |
| 11. 剥采比 | 吨/吨 | 剥离量(吨) | 掌子出矿量(吨) | |
| (二)地下采矿 | | | | |
| 1. 输出矿石品位 | % | 输出矿石中主要成分总含量(吨) | 输出矿石量(吨) | |
| 2. 矿石贫化率 | % | 子项见说明 | 掌子出矿总量(吨) | |
| 3. 采矿主要物料消耗 | | | | |
| (1)炸药消耗 | 千克/万吨 | 炸药耗用量(千克) | 采掘总量(万吨) | |
| (2)雷管消耗 | 个/万吨 | 雷管耗用量(个) | 采掘总量(万吨) | |
| (3)导火线消耗 | 米/万吨 | 导火线耗用量(米) | 采掘总量(万吨) | |
| 4. 地下采矿主要能源实物消耗 | | | | |
| 电力消耗 | 千瓦时/吨 | 电力耗用量(千瓦时) | 采出原矿量(吨) | |
| 5. 采矿从业人员实物劳动生产率 | 吨/人 | 采掘总量(吨) | 采矿从业人员平均人数 | |
| 6. 掌子工班效率 | | | | |
| (1)采矿 | 吨/工班 | 掌子出矿量(吨) | 采矿掌子工工班数 | |
| (2)掘进 | 吨/工班 | 掘进量(吨) | 掘进掌子工工班数 | |
| | 米/工班 | 掘进量(米) | 掘进掌子工工班数 | |
| | $米^3$/工班 | 掘进量($米^3$) | 掘进掌子工工班数 | |
| 7. 装运机效率 | 万吨/台月(年) | 总装运量(万吨) | 生产在册装运机台月(年)数(台月、台年) | |
| 8. 铲运机效率 | 万吨/台月(年) | 总铲运量(万吨) | 生产在册铲运机台月(年)数(台月、台年) | |
| 9. 采矿回采率 | % | 区域采出矿石量(吨)×[1－贫化率(%)] | 区域地质储量(吨) | |
| 10. 掘采比 | 米/万吨 | 掘进量(米) | 掌子出矿量(万吨) | |
| (三)选矿 | | | | |
| 1. 处理原矿品位 | % | 处理原矿含铁量(吨) | 处理原矿量(吨) | |
| 2. 铁精矿品位 | % | 铁精矿含铁量(吨) | 铁精矿量(吨) | |
| 3. 尾矿品位 | % | 尾矿含铁量(吨) | 尾矿量(吨) | |

续表

| 指标名称 | 计算单位 | 计算根据 | | 说明 |
|---|---|---|---|---|
| | | 子　项 | 母　项 | 参见《中国钢铁工业生产统计指标体系》(2004年版) |
| 4. 选矿实际金属回收率 | % | 铁精矿含铁量(吨) | 处理原矿含铁量(吨) | |
| 5. 选矿主要物料消耗 | | | | |
| (1)钢球消耗 | 千克/吨 | 钢球耗用量(千克) | 入磨原矿量(吨) | |
| (2)衬板消耗 | 千克/吨 | 衬板耗用量(千克) | 处理原矿量(吨) | |
| (3)皮带消耗 | 米$^2$/吨 | 皮带耗用量(米$^2$) | 处理原矿量(吨) | |
| 6. 选矿主要能源实物消耗 | | | | |
| (1)电力消耗 | 千瓦时/吨 | 电力耗用量(千瓦时) | 处理原矿量(吨) | |
| (2)水消耗 | 米$^3$/吨 | 水耗用量(米$^3$) | 处理原矿量(吨) | |
| 其中:新水消耗 | 米$^3$/吨 | 新水耗用量(米$^3$) | 处理原矿量(吨) | |
| 7. 选矿从业人员实物劳动生产率 | 吨/人 | 处理原矿量(吨) | 选矿从业人员平均人数(人) | |
| 8. 磨矿机利用系数 | 吨/(米$^3$·台时) | 入磨矿石量(吨) | ∑[磨矿机容积(米$^3$)×实际作业台时数(台时)] | |
| 9. 磨矿机作业率 | % | 各台磨矿机实际作业台时数之和(台时) | 在册磨矿机日历台时数之和(台时) | |
| 10. 选矿比 | | | | |
| 实际比 | 倍 | 处理原矿量(吨) | 精矿量(吨) | |
| 二、人造块矿 | | | | |
| 烧结矿 | | | | |
| 1. 烧结矿合格率 | % | 烧结矿检验合格量(吨) | 烧结矿检验总量(吨) | |
| 2. 烧结矿品位 | % | 烧结矿含铁总量(吨) | 烧结矿合格产出量(吨) | |
| 3. 烧结矿碱度 | 倍 | 烧结矿中氧化钙含量(吨) | 烧结矿中二氧化硅含量(吨) | |
| 4. 烧结矿转鼓指数 | % | 试样测检后粒度大于规定标准的质量总和(千克) | 试样质量总和(千克) | |
| 5. 烧结矿固体燃料消耗 | 千克/吨 | 固体燃料耗用总量(千克标准煤) | 烧结矿合格产出量(吨) | |

续表

| 指标名称 | 计算单位 | 计算根据 | | 说明 |
| --- | --- | --- | --- | --- |
| | | 子 项 | 母 项 | 参见《中国钢铁工业生产统计指标体系》（2004年版） |
| 6. 烧结工序单位能耗 | 千克标准煤/吨 | 烧结工序净能耗（千克标准煤） | 烧结矿合格产出量（吨） | |
| 7. 烧结机有效面积利用系数 | 吨/（$米^2$·台时） | 烧结矿合格产出量（吨） | 烧结机有效面积（$米^2$）×实际作业时间（台时） | |
| 8. 烧结机台时产量 | 吨/台时 | 烧结矿合格产出量（吨） | 烧结机实际作业时间（台时） | |
| 9. 烧结机日历作业率 | % | 实际作业时间（台时） | 日历时间（台时） | |
| 球团矿 | | | | |
| 1. 球团矿合格率 | % | 球团矿检验合格量（吨） | 球团矿检验总量（吨） | |
| 2. 球团矿品位 | % | 球团矿含铁总量（吨） | 球团矿合格产出量（吨） | |
| 3. 球团矿品位稳定率 | % | 检验总量中品位波动符合标准的球团矿量（吨） | 球团矿检验总量（吨） | |
| 4. 球团矿碱度 | 倍 | 球团矿中氧化钙含量（吨） | 球团矿中二氧化硅含量（吨） | |
| 5. 球团矿转鼓指数 | % | 试样测检后粒度大于规定标准的质量总和（千克） | 试样质量总和（千克） | |
| 6. 球团矿抗压强度 | 牛顿/球 | 各球测定的抗压强度之和（牛顿） | 测定球团个数（球） | |
| 7. 球团矿含铁原料消耗 | 千克/吨 | 含铁原料耗用量（千克） | 球团矿产出量（吨） | |
| （1）精矿粉消耗 | 千克/吨 | 精矿粉耗用量（千克） | 球团矿产出量（吨） | |
| （2）其他含铁原料消耗 | 千克/吨 | 富矿粉耗用量（千克） | 球团矿产出量（吨） | |
| 8. 球团矿黏结剂消耗 | 千克/吨 | 黏结剂耗用量（千克） | 球团矿产出量（吨） | |
| 9. 球团矿固体燃料消耗 | 千克/吨 | 固体燃料耗用总量（千克标准煤） | 球团矿合格产出量（吨） | |
| 10. 球团矿工序单位能耗 | 千克标准煤/吨 | 球团矿工序净能耗（千克标准煤） | 球团矿合格产出量（吨） | |
| 11. 球团从业人员实物劳动生产率 | 吨/人 | 球团矿产出量（吨） | 球团矿从业人员平均人数（人） | |

续表

| 指标名称 | 计算单位 | 计算根据 | | 说明 |
|---|---|---|---|---|
| | | 子　项 | 母　项 | 参见《中国钢铁工业生产统计指标体系》(2004年版) |
| 12. 球团设备有效面积利用系数 | 吨/(米$^2$·台时) | 球团矿合格产出量(吨) | 球团设备焙烧面积(米$^2$)×实际作业时间(台时) | |
| 13. 球团设备台时产出量 | 吨/台时 | 球团矿合格产出量(吨) | 球团设备实际作业时间(台时) | |
| 14. 球团设备日历作业率 | % | 实际作业时间(台时) | 日历时间(台时) | |
| 三、炼铁 | | | | |
| 高炉炼铁 | | | | |
| 1. 生铁合格率 | % | 生铁检验合格量(吨) | 生铁检验总量(吨) | |
| 2. 生铁燃料消耗 | | | | |
| (1)入炉焦比 | 千克/吨 | 干焦耗用量(千克) | 合格生铁合格产出量(吨) | |
| (2)入炉焦丁比 | 千克/吨 | 焦丁耗用量(千克) | 合格生铁合格产出量(吨) | |
| (3)综合焦比 | 千克/吨 | 综合干焦耗用量(千克) | 合格生铁合格产出量(吨) | |
| (4)折算综合焦比 | 千克/吨 | 综合干焦耗用量(千克) | 合格生铁折合合格产出量(吨) | |
| 3. 燃料比 | 千克/吨 | 燃料耗用总量(千克) | 合格生铁合格产出量(吨) | |
| 喷煤比 | 千克/吨 | 煤粉耗用量(千克) | 合格生铁合格产出量(吨) | |
| 4. 炼铁工序单位能耗 | 千克标准煤/吨 | 炼铁工序净能耗(千克标准煤) | 合格生铁合格产出量(吨) | |
| 5. 炼铁从业人员实物劳动生产率 | 吨/人 | 合格生铁折合合格产出量(吨) | 炼铁从业人员平均人数(人) | |
| 6. 高炉有效容积利用系数 | 吨/(米$^3$·日) | 合格生铁折合合格产出量(吨) | 高炉有效容积(米$^3$)×规定工作日数(日) | |
| 7. 休风率 | % | 休风时间(分) | 规定工作时间(分) | |

续表

| 指标名称 | 计算单位 | 计算根据 | | 说明 |
|---|---|---|---|---|
| | | 子 项 | 母 项 | 参见《中国钢铁工业生产统计指标体系》(2004年版) |
| 8. 人造块矿使用率 | % | 入炉人造块矿量(吨) | 入炉矿实物总量(吨) | |
| 9. 入炉铁矿品位 | % | 入炉铁矿含铁总量(吨) | 入炉铁矿实物总量(吨) | |
| 10. 平均热风温度 | 摄氏度 | 各高炉平均热风温度之和(摄氏度) | 高炉座数(座) | |
| 四、炼钢 | | | | |
| (一)转炉炼钢 | | | | |
| 1. 转炉锭坯合格率 | % | 钢锭坯检验合格量(吨) | 钢锭坯检验总量(吨)+钢水废品量(吨) | |
| 2. 转炉钢金属料消耗 | 千克/吨 | 入炉金属料耗用量(千克) | 转炉合格钢合格产出量(吨) | |
| 钢铁料消耗 | 千克/吨 | 入炉钢铁料耗用量(千克) | 转炉钢合格产出量(吨) | |
| 废钢铁消耗 | 千克/吨 | 入炉废钢铁耗用量(千克) | 转炉钢合格产出量(吨) | |
| 3. 转炉钢工序单位能耗 | 千克标准煤/吨 | 转炉钢工序净耗能量(千克标准煤) | 转炉钢合格产出量(吨) | |
| 4. 转炉炼钢主要能源实物消耗 | | | | |
| 氧气消耗 | 米$^3$/吨 | 氧气耗用量(米$^3$) | 转炉钢合格产出量(吨) | |
| 5. 转炉从业人员实物劳动生产率 | 吨/人 | 转炉钢合格产出量(吨) | 转炉从业人员平均人数(人) | |
| 6. 转炉日历利用系数 | 吨/(公称吨·日) | 转炉钢合格产出量(吨) | 转炉公称吨×日历日数 | |
| 7. 转炉日历作业率 | % | 各炉座炼钢实际作业时间(台时) | 转炉座数×日历时间(台时) | |
| 8. 转炉炉衬寿命 | 炉 | 炉役期间出钢炉数(炉) | 更换炉衬次数(次) | |
| 9. 氧气喷枪头寿命 | 炉 | 出钢炉数(炉) | 更换喷枪头次数(次) | |
| 10. 转炉炼钢出钢至出钢时间 | 分/炉 | 炼钢作业时间(分) | 出钢炉数(炉) | |

续表

| 指标名称 | 计算单位 | 计算根据 | | 说明 |
|---|---|---|---|---|
| | | 子　项 | 母　项 | 参见《中国钢铁工业生产统计指标体系》(2004年版) |
| (二)电炉炼钢 | | | | |
| 1. 电炉锭坯合格率 | % | 钢锭坯检验合格量(吨) | 钢锭坯检验总量(吨)+钢水废品量(吨) | |
| 2. 电炉钢金属料消耗 | 千克/吨 | 入炉金属料耗用量(千克) | 电炉钢合格产出量(吨) | |
| 钢铁料消耗 | 千克/吨 | 入炉钢铁料耗用量(千克) | 电炉钢合格产出量(吨) | |
| 生铁消耗 | 千克/吨 | 入炉生铁耗用量(千克) | 电炉钢合格产出量(吨) | |
| 铁水消耗 | 千克/吨 | 入炉铁水耗用量(千克) | 电炉钢合格产出量(吨) | |
| 铁块消耗 | 千克/吨 | 入炉铁块耗用量(千克) | 电炉钢合格产出量(吨) | |
| 3. 电炉非金属料消耗 | | | | |
| 电极消耗 | 千克/吨 | 电极耗用量(千克) | 电炉钢合格产出量(吨) | |
| 4. 电炉钢工序单位能耗 | 千克标准煤/吨 | 电炉工序净耗能量(千克标准煤) | 电炉钢合格产出量(吨) | |
| 5. 电炉炼钢主要能源实物消耗 | | | | |
| 电力消耗 | 千瓦时/吨 | 电力耗用量(千瓦·时) | 电炉钢合格产出量(吨) | |
| 6. 电炉从业人员实物劳动生产率 | 吨/人 | 电炉钢合格产出量(吨) | 电炉炼钢从业人员平均人数(人) | |
| 7. 电炉日历利用系数(分炉号统计) | 吨/(兆伏安·日) | 电炉钢合格产出量(吨) | 变压器容量(兆伏安)×日历日数(日) | |
| 8. 电炉日历作业率(分炉号统计) | % | 电炉炼钢实际作业时间(时) | 日历时间(时) | |
| 9. 电炉炼钢出钢至出钢时间(分炉号统计) | 时:分 | 电炉炼钢实际作业时间(时) | 出钢炉数(炉) | |

续表

| 指标名称 | 计算单位 | 计算根据 | | 说明 |
|---|---|---|---|---|
| | | 子　项 | 母　项 | 参见《中国钢铁工业生产统计指标体系》（2004 年版） |
| （三）连铸 | | | | |
| 1. 连铸坯合格率 | % | 连铸坯检验合格量（吨） | 连铸坯检验总量（吨） | |
| 2. 连铸坯钢水收得率 | % | 连铸坯合格产出量（吨） | 浇连铸坯钢水量（吨） | |
| 3. 连铸比 | % | 连铸坯合格产出量（吨） | 粗钢合格产出量（吨） | |
| 4. 连铸机日历作业率 | % | 连铸机实际作业时间（时） | 连铸机日历时间（时）×台数 | |
| 5. 连铸坯台时产量 | 吨/时 | 连铸坯合格产出量（吨） | 连铸机实际作业时间（时） | |
| 五、钢加工 | | | | |
| （一）钢加工综合指标 | | | | |
| 1. 钢材合格率（分大品种统计） | % | 钢材检验合格量（吨） | 钢材检验总量（吨）+中间废品量（吨） | |
| 2. 锭坯→材综合成材率（分大品种统计） | % | 企业最终钢材合格产出量（吨） | 耗用钢锭、连铸坯量（吨） | |
| 3. 企业最终钢加工工序单位能耗 | 千克标准煤/吨 | 企业最终钢加工工序净耗能量（千克标准煤） | 企业最终钢加工产品合格产出量（吨） | |
| 4. 企业最终钢加工产品主要能源实物消耗 | | | | |
| （1）煤炭消耗 | 千克/吨 | 煤炭耗用总量（千克） | 企业最终钢加工产品合格产出量（吨） | |
| （2）重油消耗 | 千克/吨 | 重油耗用总量（千克） | 企业最终钢加工产品合格产出量（吨） | |
| （3）燃气消耗 | 米$^3$/吨 | 燃气耗用总量（米$^3$） | 企业最终钢加工产品合格产出量（吨） | |
| （4）电力消耗 | 千瓦时/吨 | 电力耗用总量（千瓦时） | 企业最终钢加工产品合格产出量（吨） | |

续表

| 指标名称 | 计算单位 | 计算根据 | | 说明 |
| --- | --- | --- | --- | --- |
| | | 子　项 | 母　项 | 参见《中国钢铁工业生产统计指标体系》(2004年版) |
| (5)水消耗 | 米$^3$/吨 | 水耗用总量(米$^3$) | 企业最终钢加工产品合格产出量(吨) | |
| 其中:新水消耗 | 米$^3$/吨 | 新水耗用总量(米$^3$) | 企业最终钢加工产品合格产出量(吨) | |
| 5. 钢加工从业人员实物劳动生产率 | 吨/人 | 企业最终钢加工产品合格产出量(吨) | 钢加工从业人员平均人数(人) | |
| 6. 钢加工设备小时产量 | 吨/时 | 企业最终钢加工产品合格产出量(吨) | 实际作业时间(时) | |
| 7. 钢加工设备日历作业率 | % | 实际作业时间(时) | 日历时间(时) | |
| (二)热压延加工指标 | | | | |
| 初轧开坯 | | | | |
| 初轧坯合格率 | % | 初轧坯合格产出量(吨) | 初轧坯检验总量(吨)+中间废品量(吨) | |
| 六、钢丝及其制品 | | | | |
| (一)钢丝及制品产品合格率 | | | | |
| 1. 钢丝合格率 | % | 钢丝检验合格量(吨) | 钢丝检验总量+中间废品量(吨) | |
| 2. 钢丝绳合格率 | % | 钢丝绳检验合格量(吨) | 钢丝绳检验总量+中间废品量(吨) | |
| 3. 钢绞线合格率 | % | 钢绞线检验合格量(吨) | 钢绞线检验总量+中间废品量(吨) | |
| 4. 其他钢丝制品合格率 | % | 其他钢丝制品检验合格量(吨) | 其他钢丝制品检验总量+中间废品量(吨) | |
| (二)钢丝及制品产品检验合格率 | | | | |
| 1. 钢丝检验合格率 | % | 钢丝检验合格量(吨) | 钢丝检验总量(吨) | |
| 2. 钢丝绳检验合格率 | % | 钢丝绳检验合格量(吨) | 钢丝绳检验总量(吨) | |

续表

| 指标名称 | 计算单位 | 计算根据 | | 说明 |
|---|---|---|---|---|
| | | 子项 | 母项 | 参见《中国钢铁工业生产统计指标体系》(2004 年版) |
| 3. 钢绞线检验合格率 | % | 钢绞线检验合格量(吨) | 钢绞线检验总量(吨) | |
| 4. 其他钢丝制品检验合格率 | % | 其他钢丝制品检验合格量(吨) | 其他钢丝制品检验总量(吨) | |
| (三)钢丝优等品率 | % | 钢丝优等品量(吨) | 钢丝合格产出量(吨) | |
| 1. 钢丝绳优等品率 | % | 钢丝绳优等品量(吨) | 钢丝绳合格产出量(吨) | |
| 2. 钢绞线优等品率 | % | 钢绞线优等品量(吨) | 钢绞线合格产出量(吨) | |
| 3. 其他钢丝制品优等品率 | % | 其他钢丝制品中优等品量(吨) | 其他钢丝合格产出量(吨) | |
| 七、耐火材料 | | | | |
| (一)耐火材料合格率 | % | 耐火材料检验合格量(吨) | 耐火材料检验总量(吨) | |
| (二)耐火材料原料消耗 | 吨/吨 | 耐火材料原料耗用量(吨) | 耐火材料合格产出量(吨) | |
| (三)耐火材料原料利用率 | % | 耐火材料合格产出量(吨) | 耐火材料原料投入总量(吨) | |
| (四)耐火材料工序单位能耗 | 千克标准煤/吨 | 耐火材料工序净耗能量(千克标准煤) | 耐火材料合格产出量(吨) | |
| (五)耐火材料主要能源实物消耗 | | | | |
| 电力消耗 | 千瓦时/吨 | 电力耗用量(千瓦时) | 耐火材料合格产出量(吨) | |
| (六)耐火材料从业人员实物劳动生产率 | 吨/人 | 耐火材料合格产出量(吨) | 耐火材料从业人员平均人数(人) | |
| 八、洗煤、炼焦、煤气及煤化工产品 | | | | |
| (一)炼焦 | | | | |
| 1. 焦炭的机械强度 | | | | |

续表

| 指标名称 | 计算单位 | 计算根据 | | 说明 |
|---|---|---|---|---|
| | | 子项 | 母项 | 参见《中国钢铁工业生产统计指标体系》(2004年版) |
| ①冶金焦抗碎强度(M40) | % | 试验后块度大于40毫米所占的百分比(%)×冶金焦合格产出量之和(吨) | 冶金焦合格产出量(吨) | |
| ②冶金焦耐磨强度(M10) | % | 试验后块度小于10毫米所占的百分比(%)×冶金焦合格产出量之和(吨) | 冶金焦合格产出量(吨) | |
| 2. 冶金焦灰分 | % | 冶金焦中含灰分总量(吨) | 冶金焦合格产出量(干基)(吨) | |
| 3. 冶金焦硫分 | % | 冶金焦中含硫分总量(吨) | 冶金焦合格产出量(干基)(吨) | |
| 4. 冶金焦率 | % | 冶金焦合格产出量(干基)(吨) | 全部焦炭合格产出量(干基)(吨) | |
| 5. 炼焦耗洗精煤 | 吨/吨 | 入炉洗精煤耗用量(含计价水、不包括库耗、途耗)(吨) | 全部焦炭合格产出量(干基)(吨) | |
| 6. 炼焦工序单位能耗 | 千克标准煤/吨 | 原料煤折标准煤(千克标准煤)-焦化产品外供量折标准煤(千克标准煤)+动力折标准煤(千克标准煤)-余热回收外供量折标准煤(千克标准煤) | 全部焦炭合格产出量(干基)(吨) | |
| 7. 焦炭热反应性(CRI) | % | 反应前焦炭总质量(吨)-反应后焦炭总质量(吨) | 反应前焦炭总质量(吨) | |
| 8. 反应后强度(CSR) | % | 反应后块度大于10毫米面积焦炭总质量(吨) | 反应后焦炭总质量(吨) | |

# （十一）重点统计单位固定资产投资完成情况月报建设规模和新增生产能力（或效益）填报目录

| 代　码 | 名　称 | 计量单位 |
|---|---|---|
| 01000000 | 焦炭 | 万吨/年 |
| 01010000 | 　　其中：机焦 | 万吨/年 |
| 02000000 | 铁矿石原矿（开采） | 万吨/年 |
| 03000000 | 铁矿选矿处理原矿量 | 万吨/年 |
| 04000000 | 铁矿石成品矿 | 万吨/年 |
| 05000000 | 人造富铁矿 | 万吨/年 |
| 05010000 | 　　其中：烧结铁矿 | 万吨/年 |
| 05020000 | 　　　　　球团铁矿 | 万吨/年 |
| 06000000 | 锰矿石原矿（开采） | 万吨/年 |
| 07000000 | 锰矿选矿处理原矿量 | 万吨/年 |
| 08000000 | 生铁 | 万吨/年 |
| 09000000 | 直接还原铁 | 万吨/年 |
| 10000000 | 粗钢 | 万吨/年 |
| 10010000 | 　　其中：转炉钢 | 万吨/年 |
| 10020000 | 　　　　　电炉钢 | 万吨/年 |
| 10030000 | 　　　　　感应电炉钢 | 万吨/年 |
| 11000000 | 连铸坯 | 万吨/年 |
| 11010000 | 　　其中：连铸方坯 | 万吨/年 |
| 11020000 | 　　　　　连铸矩形坯 | 万吨/年 |
| 11030000 | 　　　　　连铸板坯 | 万吨/年 |
| 11040000 | 　　　　　连铸圆坯 | 万吨/年 |
| 11050000 | 　　　　　连铸管坯 | 万吨/年 |
| 12000000 | 铁合金 | 折标吨/年 |
| 12010000 | 　　其中：普通铁合金 | 折标吨/年 |
| 12020000 | 　　　　　特种铁合金 | 折标吨/年 |

续表

| 代　码 | 名　称 | 计量单位 |
|---|---|---|
| 13000000 | 钢材 | 万吨/年 |
| 13010000 | 热轧钢材 | 万吨/年 |
| 13010100 | 其中：铁道用钢材 | 万吨/年 |
| 13010200 | 热轧大型型钢 | 万吨/年 |
| 13010300 | 热轧中小型型钢 | 万吨/年 |
| 13010400 | 热轧棒材 | 万吨/年 |
| 13010500 | 热轧钢筋 | 万吨/年 |
| 13010600 | 线材 | 万吨/年 |
| 13010700 | 特厚板 | 万吨/年 |
| 13010800 | 厚板 | 万吨/年 |
| 13010900 | 热轧中板 | 万吨/年 |
| 13011000 | 热轧薄板 | 万吨/年 |
| 13011100 | 热轧中厚宽钢带 | 万吨/年 |
| 13011200 | 热轧薄宽钢带 | 万吨/年 |
| 13011300 | 热轧窄钢带 | 万吨/年 |
| 13011400 | 热轧电工钢板 | 万吨/年 |
| 13011500 | 热轧无缝钢管 | 万吨/年 |
| 13011600 | 其他热轧钢材 | 万吨/年 |
| 13020000 | 冷轧（拔、弯）钢材 | 万吨/年 |
| 13020100 | 其中：冷轧（拔）中小型型钢 | 万吨/年 |
| 13020200 | 冷轧（拔）棒材 | 万吨/年 |
| 13020300 | 冷轧（拔）钢筋 | 万吨/年 |
| 13020400 | 冷轧中板 | 万吨/年 |
| 13020500 | 冷轧薄板 | 万吨/年 |
| 13020600 | 冷轧中厚宽钢带 | 万吨/年 |
| 13020700 | 冷轧薄宽钢带 | 万吨/年 |

续表

| 代　码 | 名　称 | 计量单位 |
|---|---|---|
| 13020800 | 冷轧窄钢带 | 万吨/年 |
| 13020900 | 冷轧电工钢板（带） | 万吨/年 |
| 13021000 | 冷轧（拔）无缝钢管 | 万吨/年 |
| 13021100 | 焊接钢管 | 万吨/年 |
| 13021200 | 其他冷轧（拔、弯）钢材 | 万吨/年 |
| 13021201 | 其中：冷弯型钢 | 万吨/年 |
| 13030000 | 镀、涂层板（带） | 万吨/年 |
| 13030100 | 其中：镀层板（带） | 万吨/年 |
| 13030101 | 其中：镀锌钢板（带） | 万吨/年 |
| 13030102 | 镀锡钢板（带） | 万吨/年 |
| 13030200 | 涂层板（带） | 万吨/年 |
| 13040000 | 锻挤旋压钢材 | 万吨/年 |
| 13040100 | 其中：锻压钢材 | 万吨/年 |
| 13040200 | 挤压钢材 | 万吨/年 |
| 13050000 | 其他加工工艺钢材 | 万吨/年 |
| 14000000 | 钢丝及其制品 | 吨/年 |
| 14010000 | 其中：钢丝 | 吨/年 |
| 14020000 | 钢丝绳 | 吨/年 |
| 14030000 | 钢绞线 | 吨/年 |
| 15000000 | 耐火材料制品 | 吨/年 |
| 15010000 | 其中：致密定型耐火制品 | 吨/年 |
| 15020000 | 隔热耐火制品 | 吨/年 |
| 15030000 | 不定型耐火制品 | 吨/年 |
| 16000000 | 石墨及炭素制品 | 吨/年 |
| 16010000 | 其中：石墨制品 | 吨/年 |
| 16020000 | 炭制品 | 吨/年 |

## （十二）重点统计单位钢材、钢坯营销与流向月报产品目录

| | | |
|---|---|---|
| 一、钢坯 | 合计 | 吨 |
| | 其中：方坯 | 吨 |
| | 　　　板坯 | 吨 |
| 二、钢材（按品种规格分类） | 合计 | 吨 |
| | 1. 铁道用钢材 | 吨 |
| | 2. 大型型钢 | 吨 |
| | 3. 中小型型钢 | 吨 |
| | 4. 棒材 | 吨 |
| | 5. 钢筋 | 吨 |
| | 其中：光圆 | 吨 |
| | 　　　带肋 | 吨 |
| | 6. 盘条（线材） | 吨 |
| | 其中：硬线材 | 吨 |
| | 7. 特厚板 | 吨 |
| | 8. 厚板 | 吨 |
| | 9. 中板 | 吨 |
| | 其中：热轧中板 | 吨 |
| | 　　　冷轧中板 | 吨 |
| | 10. 热轧薄板 | 吨 |
| | 11. 冷轧薄板 | 吨 |
| | 12. 中厚宽钢带 | 吨 |
| | 13. 热轧薄宽钢带 | 吨 |
| | 14. 冷轧薄宽钢带 | 吨 |
| | 15. 热轧窄钢带 | 吨 |
| | 16. 冷轧窄钢带 | 吨 |
| | 17. 镀层板（带） | 吨 |
| | 其中：镀锌板（带） | 吨 |
| | 　　　镀锡板（带） | 吨 |
| | 18. 涂层板（带） | 吨 |
| | 19. 电工钢板带 | 吨 |
| | 其中：热轧电工钢板 | 吨 |
| | 　　　冷轧电工钢板（带） | 吨 |
| | 20. 无缝钢管 | 吨 |
| | 其中：热轧无缝钢管 | 吨 |
| | 21. 焊接钢管 | 吨 |
| | 22. 其他钢材 | 吨 |
| 三、钢材（按化学成分分类） | 合计 | 吨 |
| | 非合金钢钢材 | 吨 |
| | 低合金钢钢材 | 吨 |
| | 合金钢钢材 | 吨 |
| | 不锈钢钢材 | 吨 |

## （十三）重点统计单位产品质量指标月报指标目录

| 指标名称 | 计算单位 | 计算根据 | | 说明 |
|---|---|---|---|---|
| | | 子　项 | 母　项 | 参见《中国钢铁工业生产统计指标体系》（2004 年版） |
| 一、炼铁 | | | | |
| 1. 生铁合格率 | % | 生铁检验合格量（吨） | 生铁检验总量（吨） | |
| 2. 生铁一级品率 | % | 生铁一级品量（吨） | 生铁检验合格量（吨） | |
| 二、炼钢、连铸 | | | | |
| 1. 转炉锭坯合格率 | % | 钢锭坯检验合格量（吨） | 钢锭坯检验总量(吨) + 钢水废品量(吨) | |
| 2. 电炉锭坯合格率 | % | 钢锭坯检验合格量（吨） | 钢锭坯检验总量(吨) + 钢水废品量(吨) | |
| 3. 连铸坯合格率 | % | 连铸坯检验合格量（吨） | 连铸坯检验总量（吨） | |
| 三、钢加工 | | | | |
| 1. 初轧坯合格率 | % | 初轧坯检验合格量（吨） | 初轧坯检验总量(吨) + 中间废品量(吨) | |
| 2. 钢材合格率 | % | 钢材检验合格量（吨） | 钢材检验总量(吨) + 中间废品量(吨) | |
| 3. 钢材质量等级品率 | % | 钢材中等级品加权总量（吨） | 钢材检验合格量（吨） | |
| 4. 钢材质量优等品率 | % | 钢材中优等品量（吨） | 钢材检验合格量（吨） | |
| 5. 钢材质量一等品率 | % | 钢材中一等品量（吨） | 钢材检验合格量（吨） | |
| 6. 钢材质量合格品率 | % | 钢材中合格品量（吨） | 钢材检验合格量（吨） | |
| 四、钢丝合格率 | % | 钢丝检验合格量（吨） | 钢丝检验总量 + 中间废品量(吨) | |
| 五、钢材产量销售率 | % | 钢材销售量（吨） | 钢材总产量（吨） | |
| 六、钢材产值销售率 | % | 钢材销售收入（万元） | 钢材总产值（万元） | |
| 七、钢材新产品产量率 | % | 新产品产量（吨） | 钢材总产量（吨） | |
| 八、钢材新产品产值率 | % | 新产品产值（万元） | 钢材总产值（万元） | |

## （十四）向国家统计局提供的统计资料清单

1、年度统计资料：中国钢铁工业协会会员企业统计年报、中国钢铁统计

2、月度统计资料：中国钢铁工业统计月报

## （十五）省、市、自治区钢铁行业统计主管部门名单

| | |
|---|---|
| 1 | 首钢集团有限公司 |
| 2 | 天津市钢铁工业协会 |
| 3 | 河北省冶金行业协会 |
| 4 | 山西省工业和信息化厅 |
| 5 | 内蒙古工业和信息化厅 |
| 6 | 辽宁省工业和信息化厅 |
| 7 | 吉林省工业和信息化厅 |
| 8 | 黑龙江省冶金行业协会 |
| 9 | 中国宝武钢铁集团有限公司 |
| 10 | 江苏省冶金工业协会 |
| 11 | 浙江省冶金有色行业协会 |
| 12 | 安徽省冶金工业协会 |
| 13 | 福建省工业和信息化厅 |
| 14 | 江西省工业和信息化厅 |
| 15 | 山东省冶金工业总公司 |
| 16 | 河南省钢铁工业协会 |
| 17 | 湖北省冶金工业协会 |
| 18 | 湖南省工业和信息化厅 |
| 19 | 广东省工业和信息化厅 |
| 20 | 广西壮族自治区工业和信息化厅 |
| 21 | 四川省钢材流通协会 |
| 22 | 重庆市经济和信息化委员会 |
| 23 | 贵州省经济和信息化委员会 |
| 24 | 云南省钢铁行业协会 |
| 25 | 陕西省钢铁工业协会 |
| 26 | 宁夏经济和信息化委员会 |
| 27 | 甘肃省冶金有色工业协会 |
| 28 | 青海经贸委 |
| 29 | 新疆钢铁行业协会 |
| 30 | 海南省经济贸易厅 |

## （十六）中钢协会员企业统计调查单位名单

1 首钢集团
2 首钢集团有限公司
3 首钢水城钢铁（集团）有限责任公司
4 首钢贵阳特殊钢有限责任公司
5 首钢长治钢铁有限公司
6 通化钢铁集团股份有限公司
7 北京建龙重工集团有限公司
8 抚顺新钢铁有限责任公司
9 山西建龙实业有限公司
10 建龙西林钢铁有限公司
11 天津冶金集团有限公司
12 天津天铁冶金集团有限公司
13 天津钢管集团股份有限公司
14 天津天钢集团有限公司
15 天津荣程联合钢铁集团有限公司
16 天津天丰钢铁有限公司
17 河钢集团有限公司
18 河钢集团唐钢公司
19 河钢集团邯钢公司
20 河钢集团宣钢公司
21 河钢集团承钢公司
22 河钢集团舞钢公司
23 河钢集团石钢公司
24 河钢集团衡板公司
25 敬业集团有限公司
26 裕华钢铁有限公司
27 松汀钢铁有限公司
28 荣信钢铁有限公司
29 唐山燕山钢铁有限公司
30 迁安市九江线材有限责任公司
31 河北鑫达钢铁有限公司
32 新兴铸管股份有限公司
33 邢台钢铁有限责任公司
34 河北津西钢铁集团

35　　河北津西钢铁集团股份有限公司
36　唐山国丰钢铁有限公司
37　德龙钢铁集团
38　　德龙钢铁有限公司
39　河北纵横钢铁集团有限公司
40　河北新武安钢铁集团有限公司
41　　河北新金钢铁有限公司
42　　河北新武安钢铁集团文安钢铁有限公司
43　　烘熔钢铁有限公司
44　　河北新武安钢铁集团鑫汇冶金有限公司
45　唐山港陆钢铁有限公司
46　唐山瑞丰钢铁（集团）有限公司
47　河北普阳钢铁集团
48　　河北普阳钢铁有限公司
49　　中普（邯郸）钢铁有限公司
50　河北前进钢铁集团有限公司
51　河北天柱钢铁集团有限公司
52　武安市明芳钢铁有限公司
53　冀南钢铁集团有限公司
54　　河北文丰钢铁有限公司
55　　金鼎重工股份有限公司
56　辛集市澳森钢铁有限公司
57　文安县新钢钢铁有限公司
58　唐山宝业实业集团有限公司
59　河北东海特钢集团有限公司
60　河北会兴金属制品有限公司
61　唐山东华钢铁企业集团有限公司
62　　凯恒钢铁有限公司
63　邯郸市紫山特钢集团有限公司
64　霸州市新利钢铁有限公司
65　唐山兴隆钢铁有限公司
66　唐山东海钢铁集团有限公司
67　霸州市宏升实业有限公司
68　唐山市春兴特种钢有限公司
69　秦皇岛佰工钢铁有限公司
70　昌黎县顺先实业有限公司

71　唐山国义特种钢铁有限公司
72　唐山安泰钢铁有限公司
73　唐山金马钢铁集团有限公司
74　秦皇岛宏兴钢铁有限公司
75　武安市永诚铸业有限责任公司
76　唐山文丰山川轮毂有限公司
77　唐山市玉田建邦实业有限公司
78　唐山瑞丰钢铁（集团）粤丰钢铁有限公司
79　邯郸市紫山特钢集团建发高强度标准材料有限公司
80　唐山盛财钢铁有限公司
81　武安市广耀铸业有限公司
82　河北龙凤山铸业有限公司
83　唐山正丰钢铁有限公司
84　太原钢铁（集团）有限公司
85　　山西新临钢钢铁有限公司
86　山西中阳钢铁有限公司
87　山西新泰钢铁有限公司
88　晋城福盛钢铁有限公司
89　山西立恒钢铁股份有限公司
90　山西建邦集团有限公司
91　山西宏达钢铁集团有限公司
92　山西高义钢铁有限公司
93　山西美锦钢铁有限公司
94　河津市华鑫源钢铁有限责任公司
95　包头钢铁（集团）有限责任公司
96　包头市大安钢铁有限责任公司
97　鞍钢集团有限公司
98　　鞍山钢铁集团有限公司
99　　攀钢集团有限公司
100　　　攀钢集团成都钢钒有限公司
101　本钢集团有限公司
102　凌源钢铁集团有限责任公司
103　五矿营口中板有限责任公司
104　后英集团海城钢铁有限公司
105　海城市恒盛铸业有限公司
106　四平现代钢铁有限公司

107　中国宝武钢铁集团有限公司
108　　武钢集团有限公司
109　　　武汉钢铁集团鄂钢有限责任公司
110　　宝山钢铁股份有限公司
111　　　武汉钢铁有限公司
112　　宝武集团广东韶关钢铁有限公司
113　　宝钢集团新疆八一钢铁有限公司
114　中信泰富特钢集团有限公司
115　　江阴兴澄特种钢铁有限公司
116　　湖北新冶钢有限公司
117　　青岛特殊钢铁有限公司
118　　靖江特殊钢有限公司
119　南京钢铁集团有限公司
120　江苏沙钢集团
121　　江苏沙钢集团有限公司
122　　东北特殊钢集团股份有限公司
123　　江苏沙钢集团淮钢特钢股份有限公司
124　　江苏永钢集团有限公司
125　苏州苏信特钢有限公司
126　中天钢铁集团有限公司
127　圣戈班（徐州）管道有限公司
128　徐州东南钢铁工业有限公司
129　江苏申特钢铁有限公司
130　　上海申特型钢有限公司
131　江阴华西钢铁有限公司
132　江苏西城三联控股集团有限公司
133　江阴市长达钢铁有限公司
134　南通辉煌彩色钢板有限公司
135　常熟市龙腾特种钢有限公司
136　江苏省镔鑫钢铁集团有限公司
137　盐城市联鑫钢铁有限公司
138　无锡新三洲特钢有限公司
139　连云港兴鑫钢铁有限公司
140　常州林洪特钢有限公司
141　江苏武进不锈股份有限公司
142　宁波钢铁有限公司

143　衢州元立金属制品有限公司
144　丽水华宏钢铁制品有限公司
145　马钢（集团）控股有限公司
146　　马鞍山钢铁股份有限公司
147　　　安徽长江钢铁股份有限公司
148　安徽省贵航特钢有限公司
149　铜陵市富鑫钢铁有限公司
150　铜陵市旋力特殊钢有限公司
151　芜湖市富鑫钢铁有限公司
152　福建省三钢（集团）有限责任公司
153　三宝集团股份有限公司
154　福建三金钢铁有限公司
155　福建鑫海冶金有限公司
156　福州福泰钢铁有限公司
157　新余钢铁集团有限公司
158　江西方大钢铁集团有限公司
159　　方大特钢科技股份有限公司
160　　江西萍钢实业股份有限公司
161　山东钢铁集团有限公司
162　　山东钢铁股份有限公司
163　　山东耐火材料集团有限公司
164　石横特钢集团有限公司
165　山东泰山钢铁集团有限公司
166　济南庚辰钢铁有限公司
167　潍坊特钢集团有限公司
168　日照钢铁控股集团有限公司
169　临沂江鑫钢铁有限公司
170　西王金属科技有限公司
171　山东富伦钢铁有限公司
172　南金兆集团有限公司
173　山东广富集团有限公司
174　山东传洋集团有限公司
175　山东寿光巨能特钢有限公司
176　山东众冠钢板有限公司
177　山东冠洲股份有限公司
178　山东鲁丽钢铁有限公司

179 安阳钢铁集团有限责任公司
180 　安阳钢铁股份有限公司
181 　信阳钢铁公司
182 河南济源钢铁（集团）有限公司
183 南阳汉冶特钢有限公司
184 河南凤宝特钢有限公司
185 河南亚新钢铁集团有限公司
186 河南昌泰不锈钢板有限公司
187 安阳华诚特钢有限公司
188 武汉顺乐不锈钢有限公司
189 湖北新鑫钢铁集团有限公司
190 湖南华菱钢铁集团有限责任公司
191 　湘潭钢铁有限公司
192 　涟源钢铁有限公司
193 　衡阳华菱钢管有限公司
194 　阳春新钢铁有限责任公司
195 冷水江钢铁有限责任公司
196 广州钢铁企业集团有限公司
197 中山中粤马口铁工业有限公司
198 广州市裕丰企业集团有限公司
199 珠海粤裕丰钢铁有限公司
200 广东华冠钢铁有限公司
201 广西柳州钢铁集团有限公司
202 广西盛隆冶金有限公司
203 广西贵港钢铁集团有限公司
204 广西中金金属科技股份有限公司
205 北海诚德镍业有限公司
206 重庆钢铁股份有限公司
207 四川省川威集团有限公司
208 四川省达州钢铁集团有限责任公司
209 武钢集团昆明钢铁股份有限公司
210 云南玉溪钢铁集团仙福钢铁有限公司
211 云南玉溪钢铁集团玉昆钢铁有限公司
212 云南曲靖呈钢钢铁（集团）有限公司
213 陕西略阳钢铁有限责任公司
214 陕西钢铁集团有限公司

215　陕西汉中钢铁集团有限公司

216　酒泉钢铁（集团）有限责任公司

217　皋兰兰鑫钢铁有限公司

218　西宁特殊钢股份有限公司

219　宁夏申银特钢股份有限公司

220　宁夏石嘴山钢铁有限公司

221　法尔胜泓昇集团有限公司

222　贵州钢绳（集团）有限责任公司

223　宁夏新日恒力钢丝绳股份有限公司

224　五矿矿业控股有限公司

225　鲁中矿业有限公司

226　广东省大宝山矿业有限公司

227　海南矿业股份有限公司

228　浙江漓铁集团有限公司

229　海城镁矿耐火材料总厂

230　营口青花耐火材料股份有限公司

231　中钢集团耐火材料有限公司

232　江苏苏嘉投资集团有限公司

233　中钢集团吉林铁合金股份有限公司

234　中信锦州铁合金股份有限公司

235　五矿（湖南）铁合金有限责任公司

236　四川川投峨眉铁合金（集团）有限责任公司

237　腾达西北铁合金有限责任公司

238　吉林炭素有限公司

239　方大炭素新材料科技股份有限公司